MINIMALIZE CAMP BOOK

ミニマライズ キャンプ入門

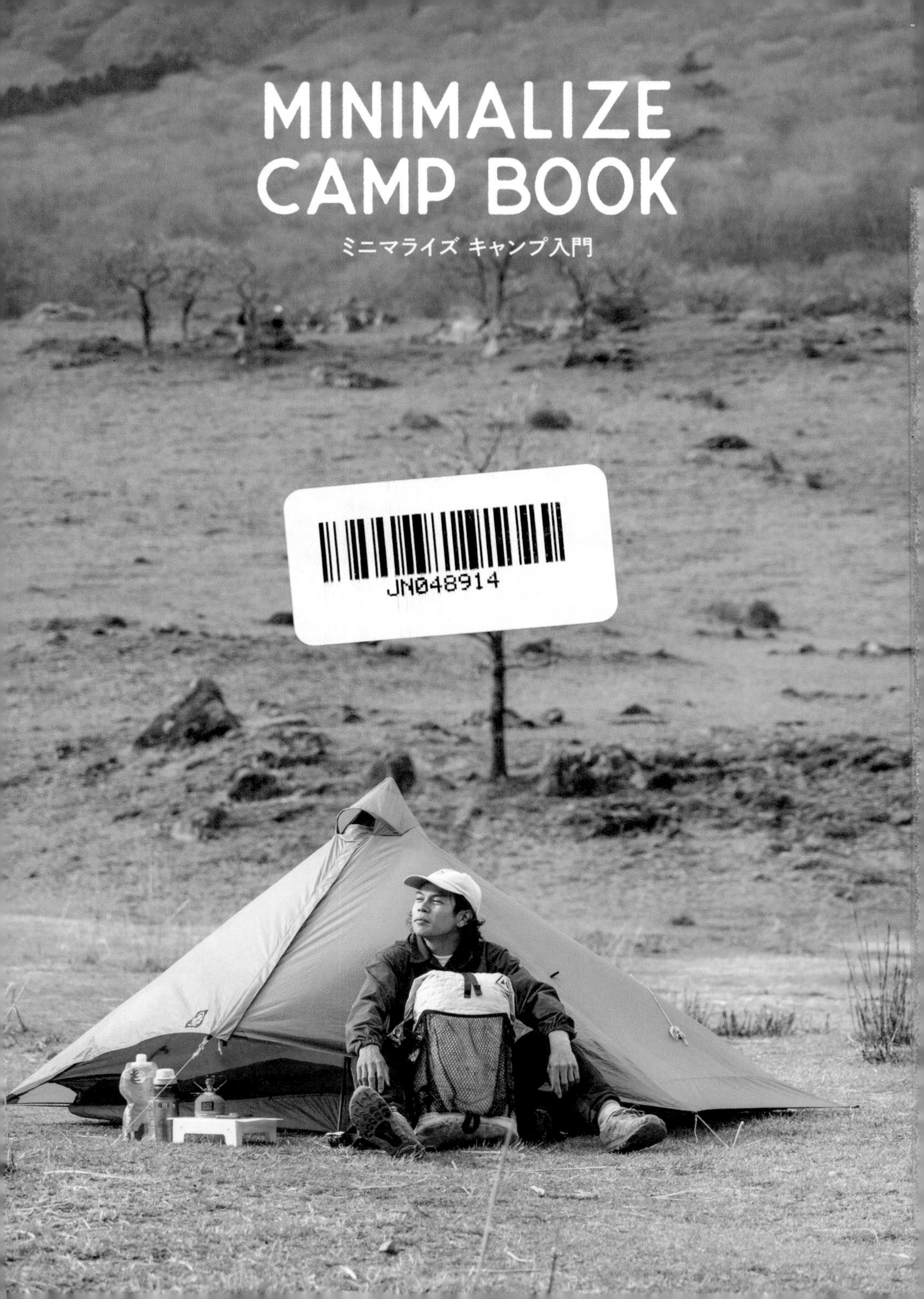

CAMPたかにぃのこと。

私は「ミニマライズギアーズ」というキャンプの軽量化をコンセプトとしたメディアを運営し、ブログやYouTubeで情報共有をしている。

ミニマライズ（最小化された）ギアーズ（道具たち）——そこにはキャンプ道具を必要最小限にして自由に旅に出かけよう、という意味合いが込められている。

同時に、私はULキャンパーでもある。

ULキャンプとはウルトラライトスタイル（装備を極限まで軽くしたスタイル）なキャンプのこと。ULの歴史を遡ると、アメリカのロングトレイルハイカーがウルトラライトハイキングを追求する過程で、MYOG（Make Your Own Gear……つまり自作ですね）で生み出したアイテムが起源となっている。

私はそんなハイキングで使われているULアイテムをキャンプ道具としても活用している。バックパックひとつにULキャンプ道具を詰め込み、電車、バス、飛行機に乗ってキャンプ場へ向かう。自転車にキャンプ道具一式を積んで、長期間自転車キャンプの旅に出かけたりもした。

今はULキャンプ道具を含めたすべて（生活用品も自転車も登山道具も！）を軽バンに乗せて、住所不定の転々とした生活「アドレスホッパー」としてチャレンジをしている。

初めてバックパックを背負って
キャンプ場に向かったとき、
「これから大冒険が始まる！」と思った。

ULキャンプを始めたきっかけ。

ULキャンプを始めたのは2017年のこと。きっかけは、「車がないこと」そして「お金がないこと」だった。当時、会社のボーナスで購入したロードバイクだけが手元にあったので、それに乗ってキャンプをすることを決意。「これで交通費が浮く！」と大発明をした気でいたものだった。

購入したのは軽量なテントだけ。母からもらった安物の旅行用バッグにテント、シュラフ、マット、バーナー、クッカー、ランタンをパッキング……チェアは入らないから省き、焚き火台は〝直火ができるキャンプ場に行くから〟と省き、テーブルまでも道具リストの中から消えていた。

バックパックひとつにまとまった私のキャンプ道具はどこかキラキラしていて、さながら宝箱のようだった。バックパックを背負い自転車にまたがって出発した早朝。自宅近くの川の土手に出た途端、朝日を浴びてどこまでも続く長い道が見えて、すごい開放感を味わったことを憶えている。

「大冒険が始まる！」

そのまま休憩を入れながらも片道5時間走り続け、埼玉県・嵐山渓谷にある月川荘キャンプ場に到着。そのキャンプがなんとも楽しくて、「旅のあるキャンプってこんなに楽しいのか！」と目から鱗が落ちたものだ。ペダルを漕ぎ続けて肩も手もお尻も痛かったが、それ以上に〝尊い〟と思える体験だった。

旅のあるキャンプこそ一番！

その後も、オートキャンプやキャンピングカーキャンプなど、色々なキャンプを楽しんでみたが、その結果「旅のあるキャンプが一番楽しい」と確信した。

家を出て、キャンプ地に到着するまでの道中では様々な物語がある。見知らぬ人に「どこから来たの？」と話しかけられ、「車で送ってあげようか？」「ジュースとミカンあげる」などと親切にされること、思いがけないきれいな景色に出合えること——。

道中のできごととキャンプが組み合わさり、かけがえのない旅の思い出となっていく。キャンプ地では、焚き火の前で自分が移動してきた軌跡を写真で振り返りながら、お酒を飲むのが最高の時間なのだ。

「もっとワクワクする旅をしたい！　景色の良いキャンプ地に泊まりたい！　どこへでも行きたい！」

道中のできごととキャンプが
組み合わさることで、
かけがえのない旅の思い出となっていく。

そんな想いから登山やロングトレイルも始めた。国内は北海道から沖縄までキャンプしに行ったし、果てはアメリカまで行って３４０㎞を３週間かけて歩き続けるキャンプ生活もやってみた。

　ワクワクを追求した結果が、旅の体験を重視したＵＬスタイルなキャンプだったのだ。

だから、みんなもやってほしい！

　本書で伝えたいことは、「キャンプを通じて旅をしてほしい！」ということ。

とはいえ、実際にバックパックひとつでキャンプを実践するとしたら、最低限の基本知識やノウハウは必要となる。

　そこで本書では、軽量なキャンプ道具の選び方や活用術、パッキング方法、または自転車に荷物を積載するテクニックなど、バックパックキャンプの基本をビギナー向けにわかりやすくレクチャーしている。

　今までオートキャンプばかりをしてきた人、またはキャンプ自体をやったことがない人も含めて、本書を通じて旅感のあるバックパックキャンプの魅力に目覚めてもらえたら、これほど嬉しいことはない。

minimalize gears
CAMPたかにぃ

バックパックキャンプ

1 手軽さ。

まずは手軽さ。バックパックキャンプは文字通りバックパックひとつにすべてが収まる道具リストになるため、車で行くオートキャンプと比べると自宅保管はもちろん、持ち運びも断然しやすいのが魅力。基本小さなアイテムばかりなので、設営撤収やメンテナンスもしやすい。つまり楽にキャンプができるというわけだ。車の助手席に荷物が収まるのも利点だが、そもそも、車がないという理由でバックパックキャンプを始めている人が多い。

2 移動の自由。

バックパックキャンプは電車やバスだけでなく、船や飛行機などすべての公共交通機関を使うことができるので、移動手段の幅はかなり広い。特に夜行バスがたくさん出ているエリアからなら、本当にどこへでも行けてしまう。私の場合、車を１台レンタルして友人同士３人の割り勘でキャンプに行ったことがあるし、友人の車に乗せてもらうこともあった。とにかくどんな移動手段でも使えてしまうのがバックパックキャンプなのだ。

4つの魅力

3 自然との一体感が生まれやすい。

オートキャンプよりも持っていく“モノ”が少ないため、自然との一体感も生まれやすいのがバックパックキャンプの特徴。 幼い頃、どろんこ遊びで泥だらけになったあの自由さを思い出してほしい。大人になってバックパックキャンプをすることで、似たような感覚を得られるかもしれない。チェアやテーブルを持っていかず、またタープ泊などをして道具をそぎ落としていくほどに、自然が傍にあることが実感できるようになるはずだ。

4 他のアクティビティへの可能性が広がる。

道具の軽量化はそのまま他のアクティビティへの挑戦に繋がる。バックパックにキャンプ道具が収まってしまえばテント泊登山のステップになるし、自転車にまたがれば自転車キャンプにもなる。釣り道具を追加して渓流に行くのも面白そうだ。私もキャンプと旅好きが高じて、最終的にはアメリカでハイキングの聖地(ジョン・ミューア・トレイル) までキャンプと旅をするまでになった。キャンプに飽きない秘訣は、キャンプだけに縛られないことだったりするのだ。

キャンプ場までの道のりこそが小さな旅になる。

オートキャンプと徒歩キャンプの違いは、「点」と「線」で説明するとわかりやすい。オートキャンプなどの車移動になるとワープしている感覚に近く、線が薄くなる傾向がある。一方で、徒歩や自転車で移動するキャンプは、道中の体験が印象的になることから、その〝線〟が太く濃くなるように思うのだ。

道中の体験が濃くなるということは、移動が旅化しているということ。単純に効率で考えれば車のほうが便利だけれど、楽に素早く目的地にたどり着いてしまうがゆえ、そこに体験は生まれにくい。

徒歩であれば、風を感じるし、坂道のきつさもある。途中で思わぬ出会いやハプニングだってあるだろう。そういった経験をたくさん重ねると、一泊二日だったとしても旅をした気分になる。

そうして道具を軽量化して、旅をするようなキャンプに出かけてみると、移動の自由さに気付かされる。飛行機を使えば遠方や離島、海外にだって行けるし、お金が乏しいのなら複数人の友達とレンタカーをシェアしたっていい。その気になればどこにだって行ける。

最近はオートキャンパーがバックパックキャンプに目覚めるケースが増えている。車を所有しているのに、あえて公共交通機関を使って移動する理由は、誰しも旅に憧れを抱いているからではないだろうか。

未経験の方も、一度はバックパックを担いでキャンプ場までの道のりを楽しんでみてほしい。少しでも浪漫やワクワクを感じたなら、それは冒険の始まりだ。

公共交通機関で移動する5つのメリット。

1. オートキャンプよりも道中の体験が濃くなる。
2. 移動中、お酒が飲める（マナーを守りながら）。
3. 観光とキャンプを兼ねることができる。
4. 車移動では困難な遠方のキャンプ場に行ける。
5. 荷物が軽量化されるのでフットワークが軽くなる。

ROUTINE.10

ROUTINE
1
キャンプ場を決める

まずはキャンプ場を決めよう！ 確認すべきはキャンプ場へのアクセスだけでなく、道中のスーパーやコンビニの有無、さらにはキャンプ場の売店には何が売られているのか、薪やお酒などが購入できるか、などもチェック。また、ゴミを捨てられるかどうかも調べておきたいところ。立ち寄れそうな温泉も事前にリサーチしておくとより満足度が高くなる。

ROUTINE
2
キャンプ飯を決める

キャンプ飯を決めないとクッカーが決められない。カップラーメンを食べる、コーヒーを飲む程度なら小さなクッカーひとつで間に合うが、米を炊いてレトルトにしたい、肉を焼きたい、シュウマイを蒸したい……などやりたいキャンプ飯がある場合はその内容に沿ったクッカーの準備が必要だ。また、ゴミが出にくい食材選びをすることも大事。たとえば、パックご飯を買うよりも米一合をジップロック®に入れて持っていくほうがゴミは出にくい。

ROUTINE

3

パッキング

いよいよパッキング！ 出発当日に慌てないように前日の夜にパッキングしておくとスムーズだ。キャンプ場に着いてから忘れものに気付くことはありがちなので、持参すべき道具リストを作成しておくといいだろう。もちろん道具すべてをパッキングできることが大前提となる。詰め込めないものは持っていかない割り切りが必要だ。

ROUTINE

4

移動

いよいよ出発、冒険の始まりだ！ 移動中にお酒を飲む際は最低限のマナーを守ること。そして昼寝をして電車を寝過ごさないように。移動は公共交通機関を使うことが多いと思うので、その際はバックパックを下におろしたり膝に置いたりして、まわりに迷惑をかけないように。

ROUTINE

5

買い出し

事前に調べておいた買い出しポイントに到着したら、クーラーバッグを取り出して食料を積み込み、今度は手持ちで歩こう。狭い商店に入る際は、バックパックを外に置いておいたほうがよいケースもあるので臨機応変な判断をすること。また、食料調達の段階でゴミが最小限になる工夫も忘れずに。たとえばインスタント麺なら、カップではなく袋麺を選ぼう。

ROUTINE.10

ROUTINE

6

キャンプ場到着

キャンプ場に到着したらまずは受付でチェックイン。くれぐれもチェックイン時間に遅れないようにしよう。チェックインと同時に薪を購入するのも構わないが、食料を入れたクーラーバッグをすでに持っているので、さらに色々と運搬するのは大変。その場合はいったん設営を先に済ませ、その後に薪を購入したり、ウォーターキャリーに水を入れたりしよう。

ROUTINE

7

キャンプ飯

キャンプ飯は日が沈む少し前に作るのがベター。ランタンやヘッドライトもそのときに準備してしまおう。私の場合はこのタイミングで焚き火も開始してしまう。焚き火を観賞しながら肉を頬張り、お酒を飲むのは最高のひとときだ！

ROUTINE

8

就寝

キャンプ場の消灯は基本22:00であることがほとんど。就寝の前に汚れたクッカーはできるだけ洗ってテーブルの上で乾かしておこう。焚き火は再燃焼しないように確実に処理しておき、食料やゴミはテント内でしっかり保管すること。環境によっては、熊よけのためにコンテナ内にゴミを保管しておいたほうがよいケースもある。

ROUTINE

9

撤収

キャンプ場のチェックアウトは11:00前後。それまでには完全撤収すること。自分が寝ていた場所はきれいにして帰ることが原則。来たときよりもきれいにすることを心がけよう。 基本的にゴミを持ち帰らなければならないキャンプ場が多いため、いかにしてゴミを小さくしてバックパックに入れるかが工夫のしどころ。ジップロック®などに入れておくとにおい漏れを防ぐことができ、帰り道の負担も少なくなるだろう。

ROUTINE

10

帰ってからはメンテナンス

無事家に着いたらゆっくりしたいところだが、その日のうちにシュラフだけでも乾かしておこう。テントなどは結露や夜露で濡れていることが多く、しっかりと乾かしておかないとカビが発生してしまう。 幸いバックパックキャンプであれば、こういったメンテナンスも手間がかからない。休憩する前にサッとやってしまおう！

覚えておきたい
キャンプのマナー及び注意点

バックパックキャンパーは自然に対する配慮はもちろん、まわりにも迷惑をかけないようにしないといけない。マナー違反をすれば「知らなかった」ことだとしても、それがSNS上で拡散され、容赦ない攻撃を受けることもある。また、徒歩や自転車の移動であれば少なからず体力を消耗する。自身の体力や天候を考慮し、身の丈に合った計画を立てることも忘れないでほしい。

◎キャンプ場における、自然保護のマナー

・キャンプ場で捨てられないゴミはきちんと持ち帰る。
・コンビニで購入して出たゴミも持ち帰る。
・来たときよりもきれいにして帰る。
・炭は地面に埋めても土に還らない。しっかり捨てること。
・芝生サイトでは焚き火台の下を十分に保護するように。

◎移動中のバックパックマナー

・汚れたバックパックは座席に置かない（床もしくは膝の上）。
・バックパックの背面やサイドのポケットにナイフなどの危険物を入れないこと。
・バックパックのポケットからモノが落ちないようにすること。
・座席上の荷物スペースにバックパックを置くときには、他人の迷惑にならないよう細心の注意を払うこと。
・狭いショップに入る際はバックパックを担いだままだと危険。バックパックを安全な場所に置けるか交渉するように。

◎電車に乗る際のマナー

・在来線では飲酒を控える。また、指定席でも泥酔はしないこと。
・満員電車には乗らないこと（時間をずらそう）。

◎キャンプ場の基本的なルール

・キャンプ場におけるルールは様々。事前にルール項目を読み込んでおくこと。
・直火禁止のキャンプ場は多い。直火禁止のキャンプ場では焚き火台と焚き火シートを使おう。
・音楽を流すのが禁止のキャンプ場も多い。音楽はイヤホンで楽しもう。骨伝導イヤホンにすれば自然の音も楽しめる。

◎自分自身へのケア

・夏場は特に熱中症対策を万全に。水分はこまめに補給すること。
・距離の長い徒歩キャンプの場合は、自身の体力と相談を。
・ファーストエイドキットは必ず持参しておこう。

CONTENTS

— 目次 —

DIALOGUE

P016　たけだバーベキューさんもULキャンプ始めました。

HOW TO & CATALOG

P025　**はじめてのBackpack Camp 道具選びとその活用術。**

P026　バックパックキャンプに欠かせない24のアイテム。

P028　ビギナーがイチから道具を揃えたら、どれだけ予算がかかるのか？

P029　バックパック

P044　テント

P054　焚き火台

P086　クックセット

P106　スリーピングギア

P116　ライト

P118　ウエア

P121　チェア

P152　**軽量キャンパーのお役立ちアイテム。**

P152　便利グッズ編

P160　一石二鳥編

P166　キャンプ飯編

P174　**自転車キャンプに挑戦してみよう。**

GUIDE

P200　バックパックで行ってみたい！ キャンプ場案内。

P212　軽量キャンパー御用達のショップガイド全国版。

KEY PERSON

軽量キャンプ　7人の達人。

P062　森風美さん

P070　林けいしさん

P078　荒井大介さん

P126　ワンコさん

P134　野沢ともみさん

P184　辻井国裕さん

P192　桜井貴教さん

P142　**バッグの中身をすべて見せてください！**

そろーさん/森猿さん/つくもニキさん/はるかさん/Dさん

P220　INDEX　SHOP&MAKER LIST

たけだバーベキュー
×
CAMPたかにぃ

たけだバーベキューさんも

UL キャンプ 始めました。

「キャンプ道具を今よりコンパクトにできたら、渓流釣りやパックラフティングなどをもっと楽しめるのに」というたけだバーベキューさんの悩みをたかにぃが解決！ 憧れのULキャンプスタイルに、どこまで近づけるか必見。

profile

**たけだ
バーベキュー**

日本で唯一のBBQ芸人としてテレビや雑誌など、幅広いメディアで活躍。バーベキューに対する豊富な知識や高い技術を持つ一方で、キャンプ通としても知られ、自身のYouTubeチャンネル「たけだバーベキューTV」ではそんな個性的なアウトドアスタイルを披露している。

ULな装備で
渓流釣りに
行きたいんです。
バーベさんの装備、
もっと軽くなりますよ。

Road to UL CAMP 1

キャンプ道具の多さをどうにかしたい。

背中と両手に大荷物を抱え現れたバーベさん。〝車を使わないキャンプ〟という制限の中で、準備されたキャンプギアは手荷物としてギリギリの量。そこにはどんなギアが含まれるのか、たかにぃの鋭い目が光る！

パンパンに詰まったバックパックを背に、両手にも大きな荷物を抱えたバーベさん。歩くのもしんどそう……。

バックパックはミリタリーライクなデザインが人気のサイバトロン。「多気室構造で見た目以上に荷物が入り、しかもデタッチャブル式ポーチで拡張もできて、外遊びに重宝します」とバーベさん。

バックパックとトートバッグの中身を広げてみると、これだけのアイテムが。その総重量は20kg！　しかし一つひとつ見てみると、バーベさんなりにTPOが考えられた無駄のないギア構成に見えた。

総重量

20kg

Road to UL CAMP 2

必要な道具だけを選んでみた。

ここから、いるモノ・いらないモノを仕分けていく作業。たかにぃの道具選びは至ってシンプル。"キャンプで何をしたいのか"、そのことだけを考えて持っていくべきアイテムを選んでいく。まずはギアを用途ごとにカテゴライズしてみた。

焚き火セット

バーベさんのキャンプで、料理と同様に欠かせない熱源となるギア。「キャンプでは基本的に焚き火を使った料理を楽しみたい」ということで、焚き火周辺ギアの充実が伺える。

クックセット

バーベさんにとって最重要なキャンプギアがクックセット。「どんな簡単なものでもいいから一品は料理したい」という言葉どおり、料理はバーベさんの主たる目的のひとつ。

寝具

身のまわりのもの

チェア&テーブル

そのほか、カテゴライズされたものは「寝具」「身のまわりのもの」「チェア＆テーブル」と、いずれも居住性を高める道具たち。ちなみにテントは、「寝るとき以外ほぼ入ることはない」というバーベさんの言葉から、寝具のなかにカテゴライズした。

より軽量な道具を取り入れた。

持ち物のカテゴライズが済んだら、次は軽量アイテムに変更可能か否かも探っていく。寝るとき以外は使わないというテントはより軽量なものに。クッカーも様々な小物をスタッキングできる角型のものに変更となった。

収納力のあるクッカーこそコンパクト化への最短ルート。

料理目的のバーベさんだけに、クッカーにもたかにぃのメスが入った。この後のパッキングのことを考えると、小物類のコンテナにもなるスタッキングしやすいクッカー選びが肝要だ。

ULキャンプ仕様の寝具選びを心がける。

バーベさんのマットも決して大きいワケではないが、たかにぃのもの（左）と比べるとこれだけのサイズの差が。車を使わないULキャンプなので、コンパクトなものに変えたいところ。

たかが小物、されど小物。ペグもしっかりUL化。

一つひとつは効果が弱そうな小物類も、理にかなったもの選びを重ねれば、軽量化の効果は絶大。特にペグは小さいながらも重量があるため、軽量かつハンマー要らずのタイプへと変更。

“寝るときだけ使う”ならULテントが最適。

今回の変更の中で重量と体積の両面で一番大きな効果を生んだのがテントの変更。寝るときだけ使うというキャンプスタイルなら、軽量素材でコンパクトなテント選びも選択肢に。

重量が半減でスッキリ！　最初の荷物との差は明らか！

総重量
10kg

ぶっつけ本番で、
パッキング!!

パッキングはULキャンパーのワザの見せどころ！

1 テントはパンパンに膨らんだ付属の収納袋から、大きめの別袋に入れ替え。収納袋のサイズに余裕があるほうが圧縮したときにかさが小さくなる。2 慣れないバックパックでも手際よくパッキングするたかにぃ。バックパックの意匠に合わせた素直な収納を心掛けているとか。

Road to UL CAMP 4

ここまでUL化。そしてパッキング。

ギアのカテゴライズ、必要アイテムのピックアップ、ULキャンプギアへの変更を経て、バーベさんのキャンプギアの重量はなんと半減！　しかし、ホッとするのも束の間、詰めが甘いなんて言われないように、しっかりバックパックに詰めていく。

Road to UL CAMP ⑤

こんなに身軽になりました。

バックパックの構造に見合った素直な収納に小ワザをMIXして、パッキングも無事完了。いまやバーベさんもすっかり慣れ、ULキャンパーの仲間入り。これなら“車を使わないキャンプ”も快適に楽しめるはずだ。

これなら釣具も
パックラフトも
持つ余裕あり!

こちらがスッキリとしたバーベさんのキャンプスタイル！　手にする荷物は食材の入った小型クーラーひとつのみ。食材が入っていなければパッキングできるので実質両手はフリー。バックパックの拡張ポーチが外れるほど見事に軽量化成功！

必ずしもストイックじゃなくていい。

たけだバーベキュー（以下バーベ）　今回はわたくしバーベのどこからどう見ても重たいキャンプ道具を、見事に軽くしていただきありがとうございました。ULってストイックなイメージがあって、自分のスタイルとは対極であり、縁のないものだと思っていました。でもカッコ良いじゃないですか！　正直内心では憧れていましたし、削ぎ落としたい欲求もスゴくあったので……その理想に近付けたことに大満足です。

CAMPたかにぃ（以下たかにぃ）　最初運んできたときはかなりの量だなと身構えたんですが、並べてみると思いのほか散らかってはいなかったです。アイテム一つひとつ

**「軽量化って、
もっとストイックなものだと
思っていました」**

——たけだバーベキュー

に明確な目的があってさすがだな、と。その分、軽量化作業は苦戦しました！

バーベ　またそんなこと言って！　結果、重量的には半減してますからね。でも確かにやってみた感覚としては、思っていたよりストイックな感じではなかったんです。なのに、これだけ洗練されたのはなんでだろう？

たかにぃ　シビアなUL思考の方は洋服のタグを取り除くなど0・1g単位で削っていくので、本当にストイックな世界だと思います。私はそこまでストイックにはなれなくて、バックパックひとつに収めて自転車に乗ったりハイキングしたりを目的にしたULキャンパーなんです。でも荷物がコンパクトにまとまるだけで、ずいぶんと変わりますし、自由度は高まるので。

バーベ　その軽量化の基準みたいなのはあるんですか？

たかにぃ　バックパックでいえば40Lまでですね。それ以上になるとちょっと大きいかな？って。道具が揃うまでは大きくてもいいと思いますが。

軽量化のために やりたいことが できないのは本末転倒。

バーベ　ギアのサイズが小さくなればやりたいことができるという感覚はすごく納得。何がスゴいって、僕はキャンプするなら一品でもいいから料理をしたい人なんです。その想いを汲んでもらっての結果が、これだということ。

たかにぃ　何に比重を置くかは、道具選びでは大事ですよね。私の場合なら料理はインスタントでよくて、アクティビティがメイン。バーベさんは料理がメイン。でもテントに入っている時間は寝るときくらい、ということがわかったので、テント自体をキュッとできたのが大きかったです。

バーベ　あれには驚いた！　付属のスタッフサックは使わないってところがワザだなと。空気を抜いて極限まで小さくするとテントがあんなに小さくなるんですね。しかもフレームと幕本体を別に収納するというのも目から鱗でした。

たかにぃ　自分がやりたいことに必要なものを持っていけないのは本末転倒。せっかく軽くしても、あれが

**「"キャンプに行って何をしたいか"
が大事です」**

——CAMPたかにぃ

「半分の軽さになるとは……。
だけどもっと軽量化できるって本当?」
———たけだバーベキュー

ないこれがないじゃ楽しくないですよね。だから削れるところはできる限り削り、必要なところは極力残す。これが大事だと思っています。今回は、料理道具や使い慣れた熱源は残しつつ、テントやマットなどをコンパクトにすることで軽量化がうまくいきました。

もうひとつ ULなバックパックを購入するとしたら?

バーベ　結果的にはほぼバックパックひとつに収まってしまったのには驚きました。正直、両手に持っていた荷物がなくなるといいなくらいに思っていたのですが、バックパックの両サイドに付けていた拡張用ポーチまで省いちゃいましたからね。両手フリーのままもう少しアイテムを詰められる余力まで残ったので……でもたかにぃ的にはもっと軽量化できるんですよね?

たかにぃ　バックパック自体をよりUL志向のものに変えることで、もう少し軽くできるなと。もちろんバーベさんが今使っているバックパックは私も好きなモデルなんです。だから、これはこれで使い続けてほしいと思います。ただ、もうひとつ軽量モデルを買うのなら……。

バーベ　何かオススメのアイテムはありますか?

たかにぃ　やはり自分が使っているHYPERLITE MOUNTAIN GEARのウィンドライダー2400。これは決して超軽量モデルではないのですが、その分、耐久性や防水性にも優れているので安心感があるバックパックです。

バーベ　目の前で良いなって思ったものをススメられるとすぐ買っちゃうんですよね。それこそ今、たかにぃの目の前でポチっちゃいそう。実は私、そんな風にして買い集めた末に、いまだ未開封のULギアが段ボールのまま家の中で積まれていまして……。結構家にULな道具が揃っているんです。

たかにぃ　縁のないものと思いながらもしっかり買い集めていたんですね(笑)。

バーベ　そぎ落としたい願望が顕在化しているというか(笑)。でも今回、UL化する方法を学べたのでやっとそれらのアイテムも報われそうです!　次にお会いするときはきっと同じバックパックだと思います。

たかにぃ　良いですね!　バックパックの〝ペアルック〟で一緒にキャンプしましょう!

たかにぃが愛用するHYPERLITE MOUNTAIN GEARの軽量さに驚くバーベさん。ULバックパックの代表モデルだ。

はじめての

Backpack Camp

道具選びとその活用術。

すべて読み込めば
今すぐ冒険を
スタートできる！

さて、ここからがキャンプ道具を軽量化していく本編。
これからバックパックキャンプを始める人のために、
道具の選び方とその活用術、さらにCAMPたかにぃ
オススメの軽量アイテムを紹介していこう。

私がいつも愛用するキャンプ道具です。

バックパックキャンプに欠かせない24のアイテム。

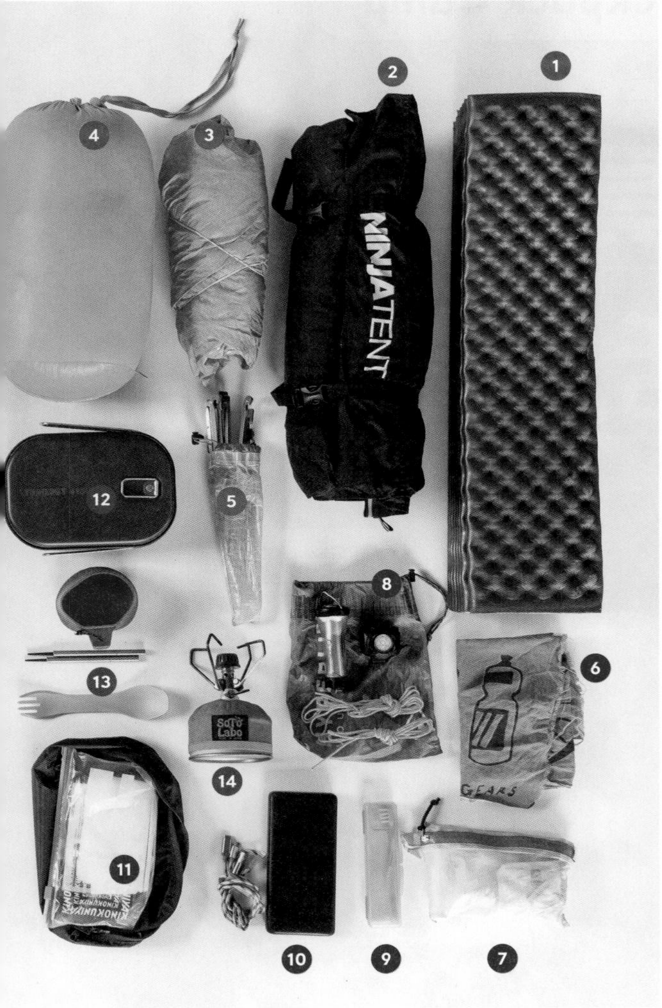

SLEEPING

1 マット

シュラフの下に敷けば睡眠の質を高めてくれるクローズドセルマット。かさばるのが嫌ならエアーマットを選ぼう。

2 テント

雨風や夜露から身を守る家の役割。通常のソロテントではなく、軽量な素材が使われているULテントを選びたい。

3 シュラフカバー

寝袋の上からかぶせて使うシュラフカバー。結露・内部結露を防ぎ、保温性を高める。防災用品としても重宝。

4 シュラフ

就寝用の寝袋。デザインや素材は様々だが、軽量キャンパーであればダウンシュラフをオススメする。

5 ペグ

テントを張るためのペグは、軽量コンパクトはもちろん、地面が硬くても打てる強度や耐久性なども重要。

LIFE

6 手ぬぐい

温泉や手洗いのときに使用する手ぬぐい。たかにぃは自身が製作したminimalize gearsのものを愛用。

7 ファーストエイドキット

登山ほどではないにせよキャンプ中に怪我をすることもある。怪我の応急処置ができるセットは用意しておきたい。

8 ライト、ヘッドライト

コンパクトなLEDライトやヘッドライトはテント泊にマスト。充電式と電池式があり、たかにぃは充電式派。

11 小物入れ

何かと使うことが多いティッシュやウェットティッシュ、トイレットペーパーなどをポーチの中にひとまとめに。

10 モバイルバッテリー

電源のないキャンプ場で欠かせないモバイルバッテリー。大容量でスマホやタブレットを何度も充電できるものを。

9 歯磨きセット

とにかくコンパクトに収まるものがベター。たかにぃはドラッグストアの旅行用歯磨きセットを携帯している。

COOKING

12 クッカー

キャンプでは鍋やフライパンの役割。クッカー内に調理道具の一式を収納できるのが理想的。

13 カトラリー、カップ

箸、カップ、スプーン、フォークなど。箸はコンパクトになるもの、スプーン&フォークはセットになるものが◎。

14 バーナー

コンロとして使用するガス燃料のバーナー+110サイズのガス缶。アルコールストーブや固形燃料を好む人もいる。

15 チェア

チェアは収納サイズがコンパクトなものを選ぼう。軽量コンパクトに徹するのなら、持っていかなくてもよい。

16 テーブル

作業台や食事の際のお膳として。こちらも収納サイズが重要。折りたたみや分割でコンパクトになるものを。

17 ボトル

ボトルはコンパクトなだけでなく、保温・保冷力を備えたものがベスト。直飲みしやすさ、洗いやすさも考慮して。

18 ウォーターキャリー

小さく丸めて運べるウォーターキャリーはキャンプ場で水を汲むためのもの。安全でにおいの付きにくいものを。

19 クーラーバッグ

食材や飲み物、氷などを入れておくコンパクトクーラーバッグ。未使用時はたためて小さくなるものが収納に便利。

WEAR

20 衣類

防寒着とレインウエアが基本。夏場であっても冷える夜のためにフリースジャケットくらいは持参しておきたい。

OTHERS

21 ナイフ

小枝を払ったり焚きつけ用フェザースティックを作ったりと利用頻度が高いナイフ。刃が厚ければ薪も割れる。

まずはバックパックキャンプをするために必要な道具の一覧を紹介。とことん軽量化にこだわるなら省いて構わないアイテムも中にはあるが、軽量キャンプに慣れていないビギナーであれば最低限これくらいは用意しておきたい。

22 グローブ

薪割りや焚き火の際、安全に作業するためにグローブは必須だ。火傷を防ぐために耐熱グローブが基本となる。

23 焚き火シート

基本的にキャンプ場では（そうでなくても）直火NGが多い。焚き火台の下にシートを敷いて芝生を保護すること。

24 焚き火台

焚き火はキャンプの醍醐味だけに焚き火台は必需品。火床が広く安定感があり、軽量かつ収納性の高いものが◎。

ビギナー視点のセレクトで
約7万円くらい!

ビギナーがイチから道具を揃えたら、どれだけ予算がかかるのか?

たかにぃは以前、バックパックでソロキャンプをする際に「最低どれくらいの金額で、デビューできるのか」を調査したことがある。

総じて軽量化されたアイテムは価格が高い。その理由は使われている素材がそもそも高価であることに加え、大量のロットで作られていないことも関係しているだろう。

ただ探してみれば、比較的安い軽量道具もある。そんなわけで、ここでは極力リーズナブルな軽量道具をたかにぃに選んでもらった。

もちろん、安くてもいい加減な道具では意味がない。選んだ条件は次の4つ。左のリストはそのすべてが満たされており、機能性も十分だ。

・軽量コンパクト
・バックパック55Lに入る
・登山まではしない
・充実したキャンプができる

まずはここから揃え、徐々に好みの軽量道具を集めていくやり方もありだろう。

たとえば、こんな

約7万円の ビギナーズセット

◎バックパック
HAWK GEAR　バックパック55L
¥4,990

◎テント
BUNDOK　ソロドーム
¥19,800

◎シュラフ
ISUKA　ダウンプラスポカラX
¥31,900

◎マット
SOOMLOOM　キャンプマット
¥2,680

◎ライト
Finnart　LEDランタン
¥2,000

◎クッカー
PRIMUS
イージークック・ソロセットS
¥2,860

◎バーナー
Snow Peak
ギガパワーストーブ“地”
¥6,380

◎カトラリー
100円ショップで購入
(スプーン、フォーク、箸)
¥330

計　**7万940円**

TOOL.1

Backpack

バックパック

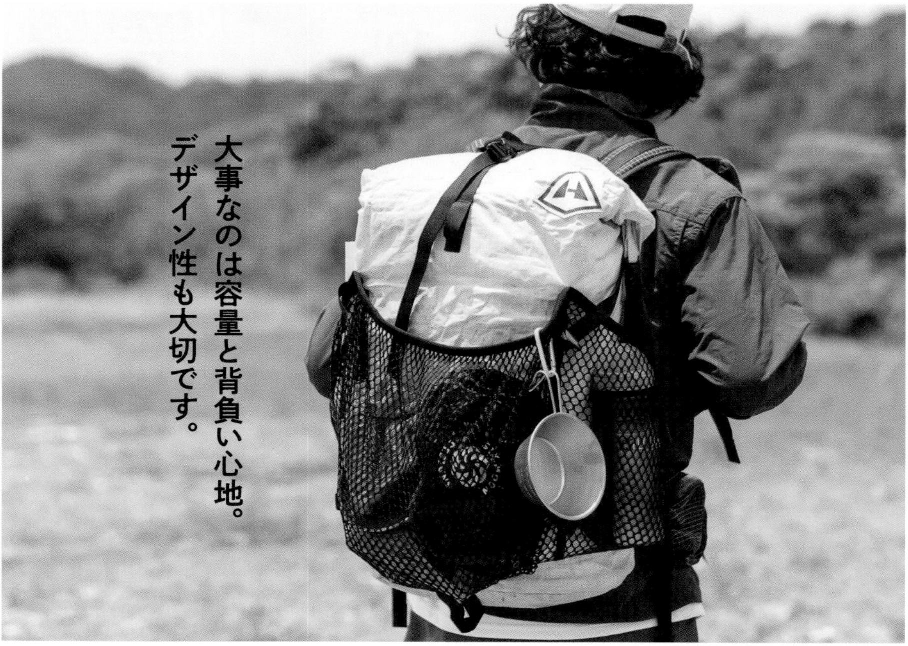

大事なのは容量と背負い心地。デザイン性も大切です。

バックパックはキャンプ道具を運ぶための重要な役割を担っている。そのため、どの程度の容量で、どんなデザインのバックパックを選ぶべきか迷う人は多いだろう。

　バックパックは大きいほうが多くの道具が入るため、60Ｌ以上の大容量を選びがちで、その気持ちは理解できる。だが、無理やり道具を押し込み重量がかさめば、電車やバスでの移動が困難になる。

　まずは50～55Ｌでやりくりしてみよう。慣れてきたらバックパックの容量を小さくシフトしていくのがよい。小さ過ぎると今度は何も持っていけなくなり、キャンプ自体が楽しくなくなるので要注意。

　見た目でいえば40Ｌのほうがスマート。良いデザインは40Ｌ以下に多く、たかにぃの場合、冬は40Ｌ、夏は30Ｌが基本。結局、身に着けるアイテムなので好みのデザインであることも大切だ。

ポイントは
適切な容量と背負い心地。

バックパック選びの基本。

軽量キャンプ初心者が最低限気にしておきたい、バックパックを選ぶ3つの基準を紹介。登山用は値の張るものが多いが、キャンプであれば長時間背負うこともないため、最初はコスパ重視でOKだ。

ビギナーが
初めて買うなら
55L
スマートに
見せるなら
40L
街で観光も
するなら
30L

POINT.1

まずは適切な容量を把握しよう。

左はバックパックの容量を変えて並べたもの。55Lは若干大きく感じるが、軽量コンパクトな道具が揃わないうちはこの容量でちょうどいい。徐々に軽量化してきたらバックパックも適切な容量にしよう。

軽量ギアが揃わないうちは大きめの容量を。

軽量コンパクトな道具が揃わないうちは50～55L程度のバックパックを選んでおくのが正解。HAWK GEARバックパック55Lはコスパが良く機能的にも非常に優れているのでオススメだ。

道具が揃ってきたらこの容量を目指そう。

とはいえ、大きいバックパックは得てして仰々しく見えてしまうもの。軽量コンパクトな道具が揃ってきたのであれば40L容量のバックパックに切り替えると見た目もスマートになる。

チェアやテーブルを省いてミニマム装備で。

30Lの容量に抑えることができるとかなりカジュアルとなり、街なかでも俄然動きやすくなる。キャンパーと見られずに普通の旅行者の装いとなるため、街での観光を兼ねるときに最適だ。

POINT.2

重たい荷物ほど 背負い心地は大切。

重量がかさむほど背負い心地は重要。たとえば道具を詰め込んで30kgを超えた場合、日常使いのバックパックでは歩くのもひと苦労。負担軽減のために身体にフィットするものが必要だ。

負担軽減のために

荷重を分散させるベルトやストラップが装備されているもの。

ウエストベルトやショルダーハーネス、チェストストラップは背負い心地を高める必須のパーツ。バックパックが安定し、荷重が分散されることで身体への負担も軽減される。

左は腰で荷重を支えるウエストベルト、右が胸で荷重を支えるチェストストラップ。登山用バックパックであれば大抵は基本装備されている。

負担軽減のために

背面長のサイズを知っておこう。

体形に合ったバックパックを選ぶことも大切。具体的には「背面長」に合わせたサイズ選びだ。自分の背面長の数値を知っておくと、バックパックを選ぶ際の指針になる。

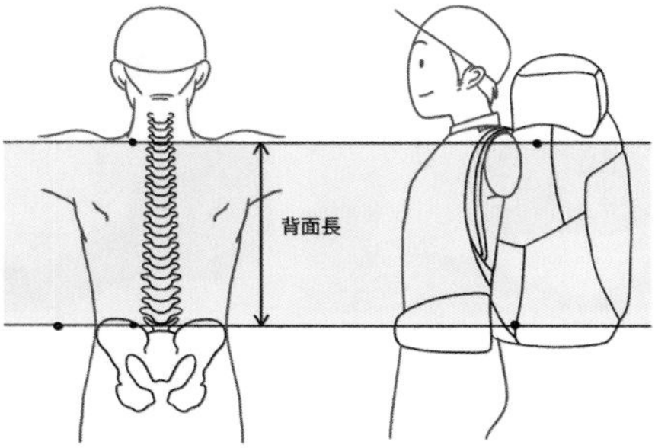

理想のフィッティングは登山専門店へ行き、バックパックに重りを入れて実際に背負ってみること。オンラインで購入するならば、あらかじめ自身の背面長サイズを把握しておき、それに合ったバックパックを選ぶとよい。

POINT.3

外付け機能の有無を 確認すべし。

タウンユースと登山用とのバックパックの違いのひとつに外付けの機能の有無がある。どうしても入らない道具が出てきた場合、救済措置として外付け機能が充実していると非常に助かるのだ。

コンプレッションストラップ

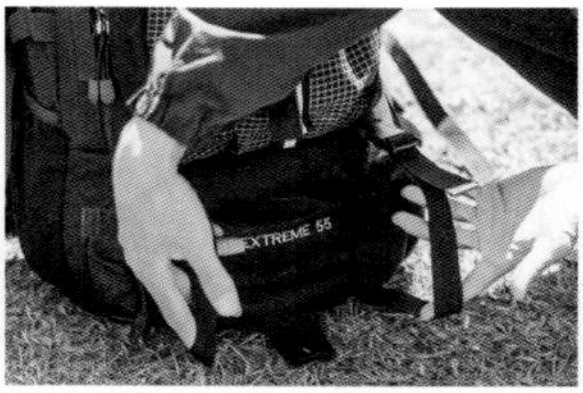

ボトムアタッチメントループ

トップストラップ（コード）

収納力を最大化する。

軽量コンパクトな道具を詰め込んでもパッキングがうまくいかない。そんな人はULハイカーのパッキング術を実践してみよう。マスターすれば収納力は格段に上がるはずだ。

A　ボトム

衣類やシュラフを防水カバーで包み、上から押し込んでいく。

柔らかくて形が決まっていないシュラフや衣類からボトムにパッキング。付属の収納袋から出して直接バックパックに押し込むと、隙間なくデッドスペースを埋めることができる。

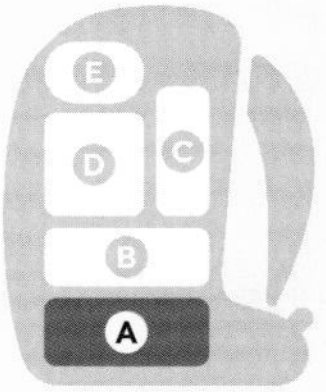

1

2

3

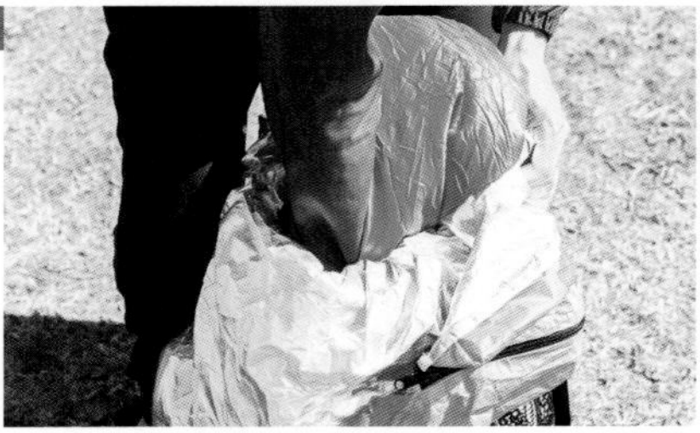

4

5

1 ロールトップを広げる。2 中のものを水から守るため、荷室全体にシュラフカバーを沿わせて防水仕様に。たかにぃはシュラフカバーにSOLのエスケープヴィヴィを使用。3 シュラフを収納袋から出して直接シュラフカバーの中に突っ込む。4 次にレインウエアや防寒着を入れて押し込むとかなり圧縮される。5 いったんシュラフカバーを閉じる。

実践すれば収納力は1.5倍増し!

UL式のパッキング術をマスターして

B 中段下

テントは純正のケースから大きめのスタッフサックにリパッキング。

次に収納するのはテント。テントも付属の収納袋から取り出すこと。純正の袋はパンパンに詰め込まれていることが多く、そのまま入れるとバックパックが凸凹してデッドスペースの原因となる。

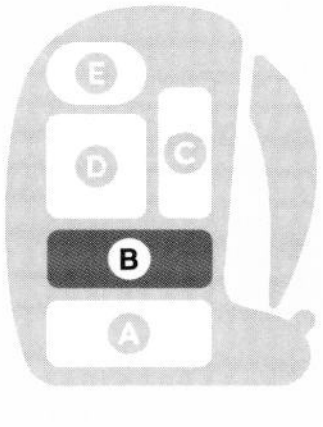

1

2

3

4

5

1 たかにぃのテントはPAAGOWORKSニンジャテント。テントポールも入っているため、そのままバックパックに入れるとかなり非効率。純正の収納袋から大きめのスタッフサックに入れ直す。2 ややゆとりがあるくらいのスタッフサックが◎。3 4 バックパックに入れて隙間がないように上から押し込む。5 テントポールは個別にサイドネットに。

大きめの収納袋に
入れ替えるのが
ポイントです！

C 中段　背中側

焚き火台やテーブルなど金属板は背中側に差し込む。

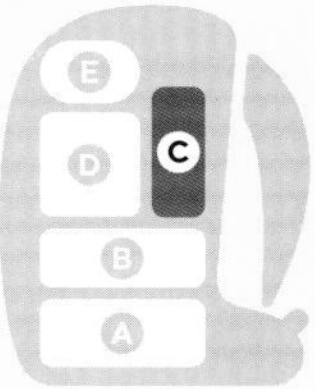

中段では様々な形状のキャンプ道具をパッキングしていくが、その前に焚き火台やテーブルなど金属板のものがあれば、先に背中側に差しておくこと。硬い金属板は後からは差しにくいため。

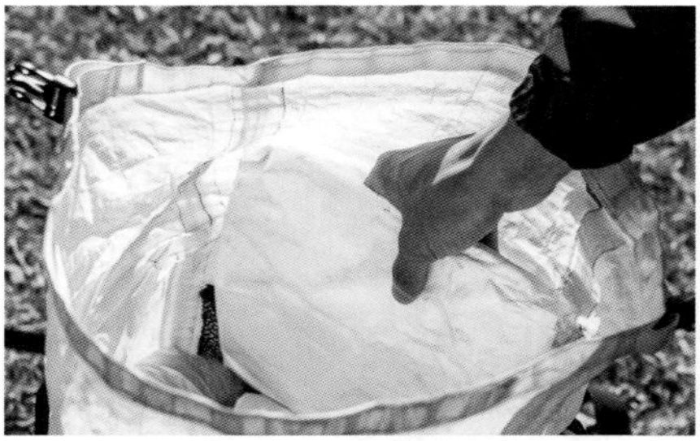

金属板のテーブルなどは、背中側に差しておくことで背中を支えるための背面パネルの役割も兼ねてくれる。

D 中段　上側

様々な形状の道具類をテトリス式に重ねていく。

キャンプ道具には様々な形状がある。それらをうまく組み合わせて、テトリス式に隙間なく埋めていこう。基本的にどのアイテムも収納袋に入れておくと形がはっきりとして収納もしやすい。

キャンプ道具の大きさやサイズに合わせてバックパック内にちょうどよくハマるよう上から重ねていこう。
有名なパズルゲーム「テトリス」と一緒で、隙間なくハマるとこれがまた気持ち良いのだ。

E トップ

買い出しで最初に取り出す クーラーバッグはトップに置こう。

一番上にクーラーバッグを置いてパッキング完了。なぜクーラーバッグを最後にするかといえば、キャンプ場に着く前の買い出しで、最初に取り出すのがクーラーバッグだからだ。

1
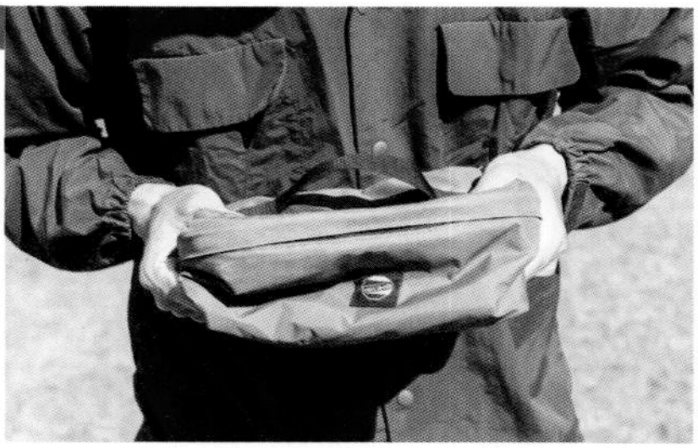
2

3
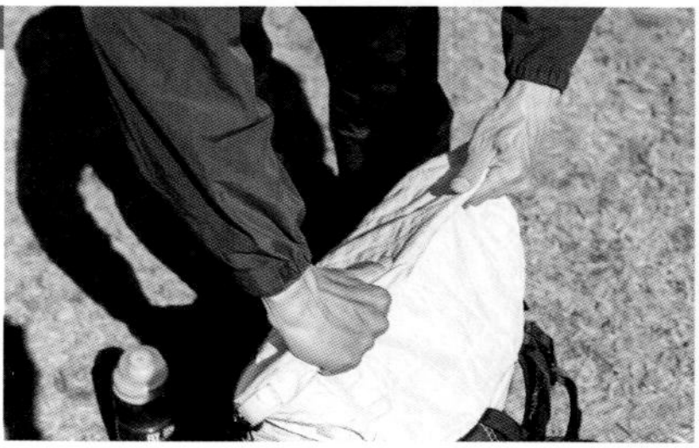
4
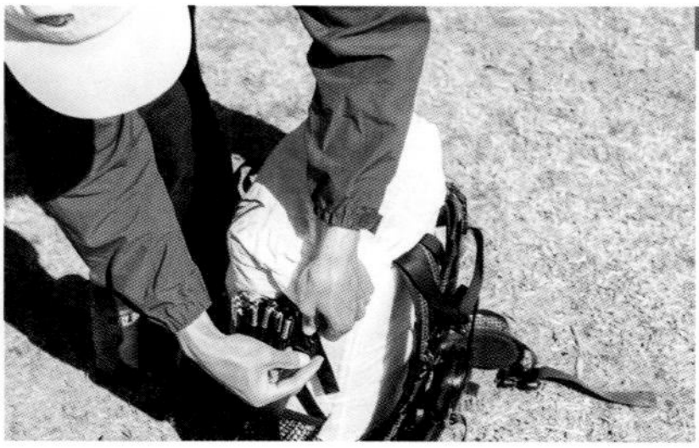

1 食材を入れていない空のクーラーバッグはこのように潰してコンパクトにしておこう。バッグによっては芯が入っていて潰せないものもある。2 すぐ取り出せるようにトップに収納。3 最後にロールトップを巻いて、4 サイドのロックをとめればパッキング完了！

サイドネット

ペグやボトルは サイドネットに。

テントポールやペグ、ボトルは荷室には入れずに外付けのポケットに差し込んでおくのがベター。外付けの方法は次ページでレクチャーする。

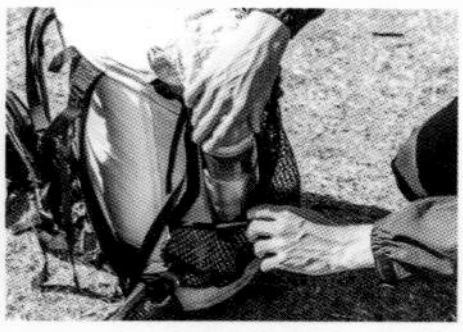

荷室に収まりにくいものは外付け対応。ボトルは移動中から頻繁に取り出すことが多いので、外ポケットにあると便利だ。

かさばる大物収納の
救済措置として。

外付け機能を活用しよう。

前ページのパッキング術は極力メインの荷室に道具を入れることを前提にしたものだが、ときにはバックパック内に収まらないものも出てくる。そんなとき、外付け機能があるバックパックならそれを活用しない手はない。

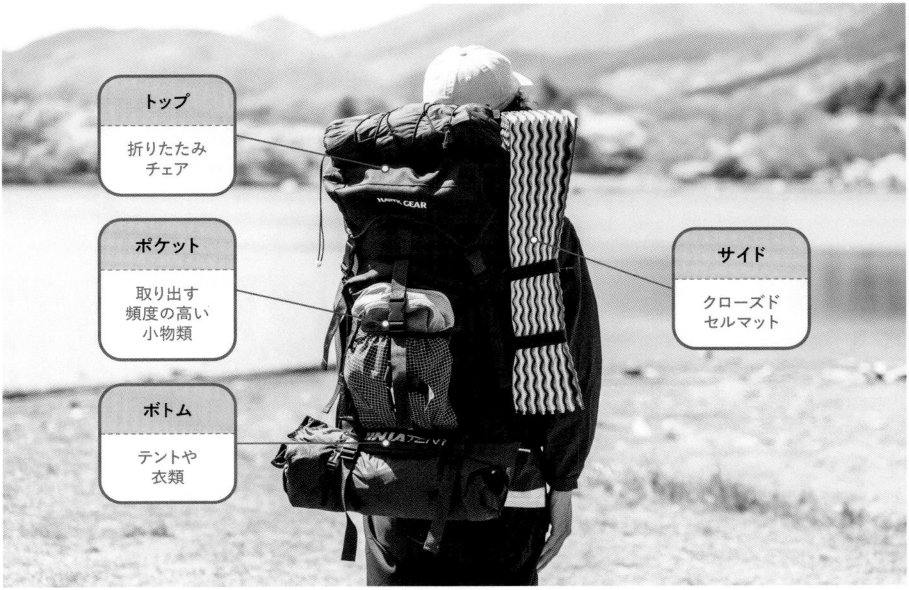

雨蓋と呼ばれるカバーの上にバンジーコードが付くタイプは外付けに最適。

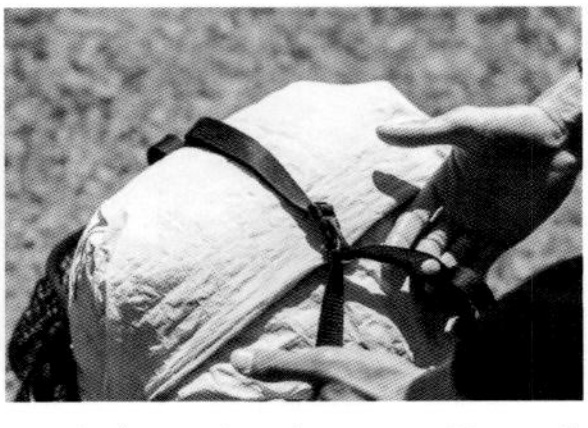

UL系ブランドのザックは二股コードになっているものが多く固定しやすい。

トップ

トップストラップを活用しよう。

登山用のバックパックにはトップにストラップやバンジーコードが付いていることが多い。ここにテントやチェアなどの大物を挟んで外付けすることで、積載量は格段にアップする。

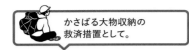

ポケット

頻繁に取り出す道具類はネットに入れておく。

外付けが充実するUL系のバックパックは、このようにフロントからサイドにかけて使い勝手の良いネットが付いていることが多い。

貴重品や盗難されやすいもの、危険物をネットに収納しておくのはやめておこう。

サイド

荷室に入らない長物の収納に最適。

サイドのコンプレッションストラップは、テントポールやクローズドセルマットなど長物を縦に差して固定しておくのに最適。

クローズドセルマットは特にかさばるアイテム。サイドに逃がしてあげよう。

ボトム

ボトムにも外付けして収納力アップ!

アタッチメントループと呼ばれるバッグ下部に付いたベルト。トップと同様、シュラフやテント、チェアなどを固定しておくのに最適。

長過ぎるものを装着すると、移動の際にまわりの迷惑になるので注意が必要。

☑ 外付けで気を付けたい3箇条

1. フル外付けで満員電車は控える。
2. 刃物は外付けしない。
3. 長物を横に付ける場合はまわりに注意。

クローズドセルマットを横置きする場合は行動も慎重に。

ナイフ類はたとえケース付きでも外付けはNG。

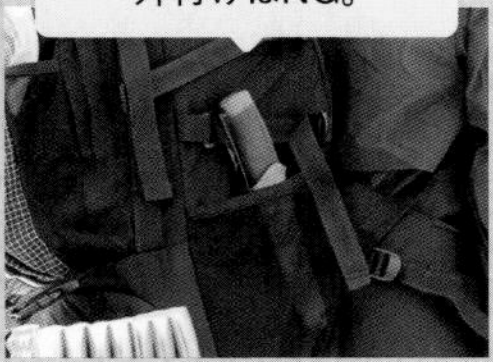

以上の3点は、最低限気を付けたいこと。特に刃物類の所持はキャンプに疎い人からすれば凶器として認識されることもある。場合によっては通報される恐れもあるので、荷室の中に収納しておこう。

Backpack Catalog

山と道

スリー

SPEC

価格（税込） ¥34,100
サイズ M、L
背面長 M/45〜54cm、L/54〜57cm
容量 M/40L、L/45L
重量 M/602g、L/630g
ボディ素材 X-Pac VX21
問い合わせ 山と道

フレームレスながら、10kg程度の荷物も楽に背負うことができるように開発されたモデル。ウエストベルトは38mmのテープを採用し食い込むことなく腰荷重できる。多少積み込む道具が重くても快適に移動が可能だ。

HYPERLITE MOUNTAIN GEAR

ウィンドライダー2400

SPEC

価格（税込） ¥60,500
サイズ S、M、L
背面長 S/46cm、M/49cm、L/53cm
容量 40〜45L
重量 798g
ボディ素材 DCFハイブリッド
問い合わせ ハイカーズデポ

アメリカ・メイン州で、スルーハイカーの兄弟が生み出したブランドのフラッグシップモデル。Cubic Tech社のDCFハイブリッド素材は軽くて頑丈、そして防水性に優れる。本体上部のストラップには荷物の固定も可能。

Trail Bum

バマースペクトラ

SPEC

価格(税込)　¥19,800
サイズ　54×26×13.5cm
背面長　50cm
容量　30L
重量　430g
ボディ素材　ナイロンポリエチレン
問い合わせ　トレイルバム

「シンプルで軽いギア」を掲げ立ち上がったブランドらしく、ボディにはフロント＆サイドポケットのみが付く。耐摩耗・耐衝撃性の高い繊維「スペクトラ」をリップストップにした素材は道具をガンガン詰め込んでも安心。

Naturehike

バックパック40+5L

SPEC

価格(税込)　¥9,900
サイズ　56×26×18cm
背面長　56cm
容量　40+5L
重量　1060g
ボディ素材　ナイロン
問い合わせ　ネイチャーハイク

キャンプギアでも人気の高いブランド発。外付け収納に便利な調整可能なロープが上部と両側に付き、荷物が増えがちな帰り道も安心。肩ベルトや側面のほか、計10ヵ所にポケットが付くなど収納力の高さが魅力。

NERDY MOUNTAIN WORKS

ザックパック30-35L

SPEC

価格(税込)　¥32,780
サイズ　52〜65×27×15cm
背面長　48cm(調整が可能)
容量　30〜35L
重量　620g
ボディ素材　オーダーメイド
問い合わせ　ナーディマウンテンワークス

生地やサイズをカスタムオーダーできるモデル。ポケットは止水ジップ付き。底部分にはドローコードを配置。ウエストベルトは取り外し可能で、センターバックルでもサイドバックルでもウェビングを調整することが可能。

MYSTERY RANCH
テラフレーム3ZIP 50

SPEC
価格(税込) ¥55,000
サイズ 71×38×33cm
背面長 M/38〜51cm、L/43〜61cm
容量 50L
重量 2300g
ボディ素材 330Dライトプラスコーデュラナイロン
問い合わせ エイアンドエフ

ミステリーランチの特徴的なデザインの3ジップを採用したモデル。オーバーロード機能が付き、道中に荷物が増えても積み込み可能。フロント、サイド、ボトムに付属するコンプレッションストラップも収納性を高める。

Seibertron
バックパック 3Pタクティカル

SPEC
価格(税込) ¥8,999
サイズ 48×27×27cm
背面長 ——
容量 37〜39L
重量 1450g
ボディ素材 900Dナイロン
問い合わせ サイバトロン

サイドに取り外し可能な大型ポケットが付くほか、本体内部のメッシュポケットなど荷物の整理に役立つ機能が嬉しい。また独自設計の肩パッドは肩や背中の圧迫を軽減させてくれる。MOLLEシステムで機能の拡張も可能。

3F UL GEAR
Qidian プロ バックパック

SPEC
価格(税込) ¥16,849
サイズ 80×30×22cm
背面長 ——
容量 56L
重量 880g
ボディ素材 超高分子量ポリエチレン
問い合わせ 3F UL GEAR

中国に拠点を構えるメーカー発のブランド。テントやバックパックなどの縫製を20年以上請負った技術が光る。高い耐衝撃性、耐摩耗性に優れる超高分子量ポリエチレンを素材に採用した堅牢な作りが魅力だ。

MILLET
サースフェー 50+15

SPEC

価格(税込)　¥30,800
サイズ　32×67×21cm
背面長　M/48cm、L/51cm
容量　50+15L
重量　M/1710g、L/1730g
ボディ素材　コーデュラナイロン
問い合わせ　ミレー

ブランド定番のロングセラーモデル。蒸れにくい背面システムを採用し、移動中も快適に。折りたたみ式の大型ウエストベルトポケットが付き、スマホや財布などの小物の収納に◎。これひとつでキャンプ場までの移動も快適。

ZEROGRAM
ロストクリークUL50

SPEC

価格(税込)　¥50,600
サイズ　33×75×25cm
背面長　40〜54cm
容量　55L
重量　1294g
ボディ素材　X-パック ライトスキン、再生ナイロン
問い合わせ　ゼログラム

シンプルなデザインながらフロントがフルオープンになり、道具の出し入れがしやすいモデル。容量が調整できるロールトップデザインで、フレームや背面クッション付き。ウエストベルトを取り外せばデイリーユースにも。

HAWK GEAR
バックパック55L

SPEC

価格(税込)　¥4,990
サイズ　70×30×27cm
背面長　——
容量　55L
重量　2100g
ボディ素材　ODDキルト

メインコンパートメントのほか、細々したギアの収納に役立つジップ付きのフロントポケット、ライトアウターなどが入る大きめのポケットなどが完備され、かなりの収納力。下部から本体へアクセスできるのも使い勝手抜群。

GREGORY
バルトロ65

SPEC
価格（税込）　¥52,800　**サイズ**　S、M、L
背面長　S/40.6～48.2cm、M/43.1～50.8cm、L/45.7～53.3cm
容量　S/60L、M/65L、L/70L
重量　S/2140g、M/2230g、L/2380g
ボディ素材
420D/210D高密度リサイクルナイロン
問い合わせ　グレゴリー

背面長を簡単に調整できるため高いフィット感を誇る。すぐ取り出したい小物収納に便利なウエストベルトポケットや、取り外し可能なジッパー式寝袋用コンパートメントが底部に付くなど、収納力の高さも注目したい。

karrimor
クーガーエーペックス 60プラス

SPEC
価格（税込）　¥44,000
サイズ　73×35×26cm
背面長　44～52cm
容量　60L+
重量　2420g
ボディ素材　コーデュラナイロン
問い合わせ　カリマー

ブランド独自のサイズアジャストシステムにより、背負ったまま背面のフィット感が調整可能に。徒歩移動の負担も軽減してくれる。デイパックにもなるハイドレーションパックは現地での買い出し時にも便利。

ダッフルバッグという選択肢もあり。

徒歩キャンプはバックパックで移動するのが基本だが、自宅にダッフルバッグがある人はそれにキャンプ道具を詰め込んで行くのもあり。防水性に富んだものが多く、ツーリングの荷台にも置ける強みがある。

道具すべてを
一覧できるのは
ダッフルならでは。

開いたときに収納物が一覧できるのがバックパックにはないメリット。たかにぃもダッフルバッグでキャンプに出かけていた時期があるそうだ。

Patagonia
ブラックホール・ダッフル55L

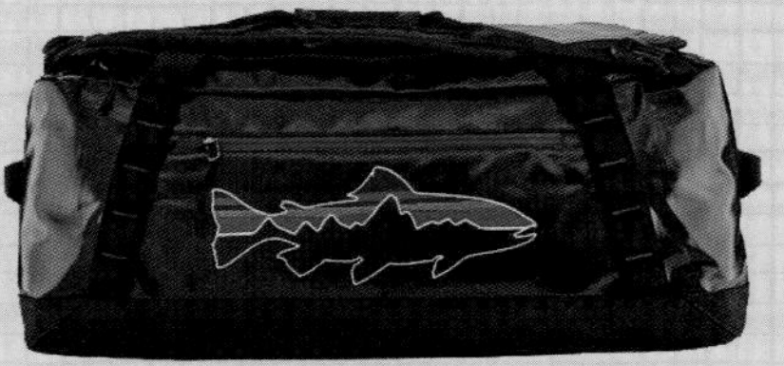

SPEC
価格（税込） ¥22,000
容量 55L
重量 1165g
素材 リサイクルポリエステル（裏地はポリウレタンコーティング）
問い合わせ
パタゴニア日本支社
カスタマーサービス

軽量かつコンパクトな収納が可能なダッフルバッグは、丈夫なリサイクルポリエステル100%リップストップ素材に耐摩耗性に優れたTPUフィルムをラミネート。本体と裏地とウェビングにリサイクル素材、フェアトレード・サーティファイドの縫製を採用。

MYSTERY RANCH
ハイウォーターダッフル50

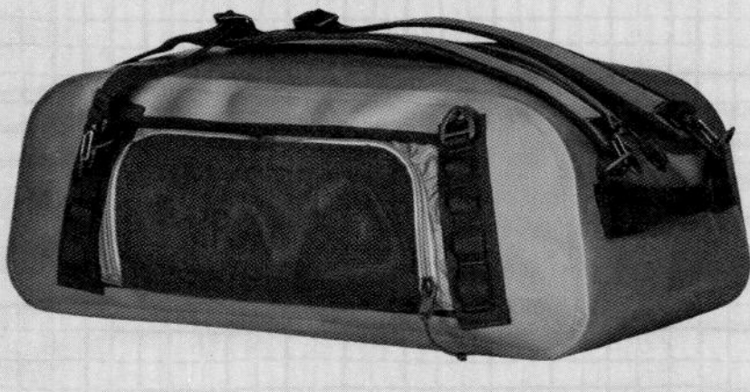

SPEC
価格（税込） ¥42,900
容量 50L
重量 1100g
素材 840Dバリスティックナイロン＋両面TPUコーティング
問い合わせ エイアンドエフ

マルチに使えるダッフルバッグ。バリスティックナイロン＋両面TPUコーティングで耐久性、防水性に優れ、TRU®Zip ジッパーは長期の完全防水を実現。水没にも負けないタフな逸品。

TOOL.2

Tent

テント

軽量テントの魅力は素材のシルナイロンにあり。

雨風や夜露から身を守ってくれるテント。道具の中でも最もかさばるものだけに軽量のものを選ぶのがセオリーだ。だが、一般的に使用されるテントと軽量テントの違いはどこにあるのだろうか。

大きな違いは材質。軽量テントは15〜30D（デニール＝生地の厚さ）程度の薄さのナイロンやポリエステル、シリカゲルなどの軽量素材が使われ、そこにシリコンコーティングがされるものがほとんど。これらはシルナイロン、シルポリと呼ばれ、軽量で耐久性、防水性も優れている。

とはいえ、軽量素材のテントは値段も高い。同じ素材が表記されていたとしても、高価なテントはしなやかさが異なり、また収納しやすく設営も簡単だったりする。値段に見合った性能があるのだ。

ここではたかにぃが愛用するモデルをベースに軽量テントの魅力を解説する。

ドーム型orワンポール型。
最初はドーム型から始めよう。

軽量キャンプ向きのテントとは?

軽量コンパクトに優れたソロテントは様々な種類があるが、大別すれば2つのカタチがある。最初のうちは居住性の高いドーム型から。さらに軽量化を図るならワンポール型も選択肢に。

TENT STYLE

ドーム型

専有面積の割にスペースが広いので居住性は抜群!

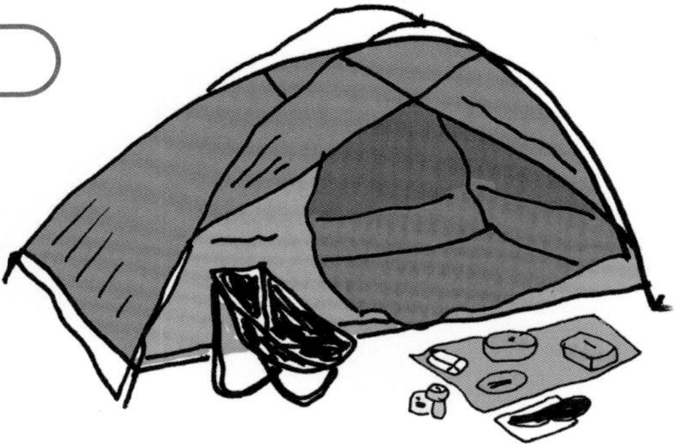

居住性重視ならダブルウォール&自立式。

内側のインナーテントにフライシートを重ねて使用するダブルウォールが主流のドーム型。2重構造なのでシングルウォールよりも保温性があり、風に強く外気温の影響を受けにくいなど居住性も高い。ワンポール型と比べると重量はかさむが、ペグがなくても自立するタイプが多く、ビギナーが扱いやすいテントといえる。

TENT STYLE

ワンポール型

内部結露するのでシュラフカバーを装備しておこう。

軽量特化ならシングルウォール&非自立式。

1本のテントポールを支柱にして幕を張り、周囲のガイロープでテンションをかけて設営するワンポール型。幕の量が少ないシングルウォールが主流で、1kg未満の超軽量コンパクトなテントがほとんど。濡れたときの対処もシングルウォールのほうが断然楽だ。

掘り下げる。

前ページでは2種類のテントスタイルを紹介したが、ここではその代表モデルを解説。どちらもたかにぃが愛用しているテント。徒歩キャンプの際はワンポール型、自転車キャンプの際はドーム型を選ぶことが多いとか。

専有面積が広く
内ポケ、ギアループも充実。

［ドーム型］

PAAGOWORKS

ニンジャテント

ドーム型　自立式　ダブルウォール

収納時は45 × 15cm、最小重量1kg程度と軽量コンパクトを維持しながら、独自のフレーム構造によりソロでゆったりと使える広い室内と大きな入口を確保。室内には6つのユーティリティポケットやギアループも完備され、至れり尽くせりの快適空間。インナーテントのみにすれば夏場は蚊帳としても活躍する。

＼ 自立式は ／

インナーテントのままで
運ぶことができる。

＼ ダブルウォールは ／

フライシートを上から
かけるので保温性は◎。

SPEC

価格（税込） ¥59,400
サイズ
120×220×105cm
収納サイズ
45×15cm
重量
1160g
主な素材
30Dシルナイロン
問い合わせ
パーゴワークス

［ 設営の特徴 ］

インナーテントを広げてポールをグロメットに差し込みフックに引っ掛ける。その上からフライシートをかぶせてペグダウン。ペグなしで自立するので位置調整がしやすい。

私が愛用しているモデルを実例に解説。

2大テントスタイルの特徴を

軽量でシンプル設計。
美しいシルエットも見どころ。

［ワンポール型］

Six Moon Designs

ルナーソロ

ワンポール型　非自立式　シングルウォール

アメリカのULガレージメーカー発の超軽量なソロテントは、収納時は28×10cmとかなりコンパクトに持ち運べる。他のULテントと比べれば専有面積は広く、風に強い六角形のデザインも特徴。暑い時期は両面のパネルを開けることで快適に過ごせる。テントポールはオプションで購入でき、その重量わずか51g。

＼ 非自立式は ／

最初にペグダウンして
仮止めしておく必要あり。

＼ ワンポール型は ／

中央にテントポールを
立ててテントを起こす。

SPEC

サイズ
120×220×105cm
収納サイズ
28×10cm
重量
約680g
主な素材
20Dシリコンコーティング
ポリエステル

［設営の特徴］

最初に両端、後方を仮でペグダウンしてから、センターにポールを立ててテントを起こす。前方と斜め後ろをペグダウンしたら最後に全体のテンションを調整して完成。

調理はもちろん
荷物だって
十分に置ける。

［ドーム型］

PAAGOWORKS

ニンジャテントの場合

基本的にドーム型テントは前室が広いものが多いが、ニンジャテントは特に顕著。調理スペースはもちろん、荷物も十分に置ける広さを誇る。ニンジャテントの場合、2本のポールを使ってキャノピーを伸ばせばさらに広い空間になり、タープの役割も果たす。

夜露、雨対策、
プライバシー確保のために。

前室の広さが使い勝手の良さを決める。

テントを選ぶ基準として前室の広さは重要。雨天の際にテント内で作業がしやすく、プライベート空間としても広いほうが断然快適だ。たかにぃも前室が広いとそれだけで「良いテントを選んだな」と嬉しくなるとか。

チェックポイントは、前室で調理するのに不自由ないか、ストーブの上にクッカーを置ける高さはあるか。またテーブルやシューズなど、どれくらいの荷物を置くことができるかも確認しておこう。

［ワンポール型］

Six Moon Designs

ルナーソロの場合

ルナーソロはフライシートが正面にも突き出した六角形なので、奥行き70cm程度の前室を確保できる。ただ半分が蚊帳になっているため使える部分は少ないのが難点。とはいえ、他のワンポールテントと比べれば前室の使い心地はかなり良いといえる。

天井が高く
前室も広いので
調理も快適!

この2種類どちらかで間違いない！

軽量キャンプに適したペグ選びとは？

ペグの種類はたくさんあり、選ぶのも迷いどころ。実際、バックパックキャンパーたちはどんなペグを好むのか。かさばらないペグが欲しいが、耐久性や重量も気になる。

そんななか、たかにぃが「この2種類で間違いない」と太鼓判を押してくれたペグが、福善の打刀とARAI TENTのスティックペグの２つ。軽量コンパクトながら強度があって曲がりにくい優れものだ。

足で踏み込んで
ペグダウン

福善 打刀

日本刀のような美しいデザインの打刀（うちがたな）。高強度で刃物のように硬く曲がりにくい。

ARAI TENTスティックペグ

アルミ製で軽量なうえに、強度も備えている優秀なスティックペグ。石で打ちつけても大丈夫。

ハンマーは持参しなくても大丈夫。

テント泊登山でハンマーを持参する人はいないが、たかにぃの場合はキャンプ目的でもハンマーを持参しない。「強度のあるペグなら河原の石で打ちつければ十分」。

打つときは

強度のあるペグなら石で打ちつける。ただ強度が弱いペグだと曲がってしまうことも。

抜くときは

硬く打ち込まれたペグを抜く際は、他のペグを十字にひっかけて引っ張ると抜けやすい。

Tent Catalog

NEMO Equipment
ドラゴンフライ バイクパック オズモ

SPEC

価格(税込) ¥85,800
ダブルウォール
自立式
サイズ 224×114×104cm
収納サイズ 16×37cm
重量 1360g
主な素材 オズモ™
リップストップ(ナイロン、ポリエステル)
問い合わせ イワタニ・プリムス

バイクパッカーのために誕生したこのモデルは、ハンドルなどに取り付け可能なベルトの付いたスタッフサックが便利。自立式のダブルウォールで設営しやすく、インナーにデイジーチェーンが付くなど居住性の高さも魅力だ。

OneTigris
テトラピラミッドテント

SPEC

価格(税込) M/¥16,900
シングルウォール
非自立式
サイズ 227×220×130cm
収納サイズ 40×15×15cm
重量 1040g
主な素材 20D PUコーティングナイロン
問い合わせ ワンティグリス

居住性の高いティピ型は、ポール1本の簡単設営もメリットのひとつ。出入り口のパネルは跳ね上げ可能で、タープとして活用できるため荷物の軽量化にも打ってつけ。3Dベンチレーションシステムで結露も軽減してくれる。

BIG AGNES
ブラックテイル2 ホテル

SPEC
価格（税込） ¥53,900
ダブルウォール
自立式
サイズ 229×（76+132+152）×107cm（最大）
収納サイズ 18×53cm
重量 2780g
主な素材 PU加工ポリエステル
問い合わせ ケンコー社

大人が2人座れるほど広い前室が特徴のモデル。後室には荷物を置くことができるスペースがあるほか、インナー天井には2段式のポケットが付くなど収納力抜群。ハーフメッシュインナーは吊り下げ式で設営も手軽にできる。

OneTigris
ブラックオルカ2.0

SPEC
価格（税込） ¥23,000
シングルウォール
非自立式
サイズ 210×125×165cm
収納サイズ 20×20×58cm
重量 1150g
主な素材 TC ポリコットンナイロン
問い合わせ ワンティグリス

パップテント型で天井が高く、フロントフラップにはランタンなどを吊り下げるのに便利なキャノピーモールベルトが付く。TC素材で火の粉に強いのも特徴で、野営スタイルでソロキャンプを楽しみたい人はオススメ。

BUNDOK
ソロドーム

SPEC
価格(税込)　¥19.800
ダブルウォール
自立式
サイズ　200×150×110cm
収納サイズ　38×15×15cm
重量　1880g
主な素材　ポリエステル
問い合わせ　カワセ

暑い季節にも快適なオールメッシュインナー。大きめの開口部は出入りしやすく、入り口前にテーブルをセットすればチェアなしでリビングスペースも確保可能。室内天井のギアループのほか、ギアハンモックも便利。

Naturehike
VIK2ウルトラライト シングルテント

SPEC
価格(税込)　¥19,800
シングルウォール
自立式
サイズ　210×(65+80+50)×95cm
収納サイズ　46×φ16cm
重量　1280g
主な素材　15D シリコンナイロン
問い合わせ　ネイチャーハイク

シングルウォールの本体はコンパクトに持ち運びでき、素早く設営できるのも魅力。大きなサイズの前室パネルを跳ね上げると屋根ができるため、1人用のリビングを確保。タープ不要なので荷物の軽減に繋がる。

BIG AGNES
フライクリーク HV UL1 ソリューションダイ

SPEC
価格(税込)　¥63,360
ダブルウォール
自立式
サイズ　97×218×107cm
収納サイズ　12×47cm
重量　907g
主な素材　ソリューションダイ
通気加工リップストップナイロン
問い合わせ　ケンコー社

ブランドを代表するモデルにUVカット効果がアップしたソリューションダイファブリックを採用。1kgを切るほどの軽さも特徴のひとつ。天井は高く、広めに設計された出入り口部分は荷物の収納場所として使える。

ARAI TENT
ドマドーム1プラス

SPEC
価格(税込)　¥67,100
ダブルウォール
自立式
サイズ　135×200×104cm
収納サイズ　32(43)×φ19cm
重量　1680g
主な素材　30Dリップストップナイロン
問い合わせ　アライテント

日本古来の「土間」をイメージした土間ドーム1プラスは、クロスしたフレームワークによって背の高い前室を実現。室内片側が変則的に広がり、荷物置きとしてぴったりの空間が手に入る。テント内で過ごすのも快適だ。

3F UL GEAR
ランシャン1 プロ

SPEC
価格(税込)　¥27,631
シングルウォール
非自立式
サイズ　270×110×125cm
収納サイズ　34×15cm
重量　780g
主な素材　20Dシルナイロン
問い合わせ　3F UL GEAR

ダブルウォールのワンポールテント。ロールトップ式のスタッフサックが付き、収納サイズもコンパクトに。室内には小物収納に役立つポケットやランタンハンガーも付属し、ULモデルながら快適な室内空間が確保できる。

tent-Mark DESIGNS
パンダライト

SPEC
価格(税込)　¥25,080
ダブルウォール
非自立式
サイズ　240×240×150cm
収納サイズ　43×14cm
重量　1940g
主な素材　20Dリップストップナイロン
問い合わせ　テンマクデザイン

女子キャンパーの先駆者、こいしゆうか氏がプロデュースしたパンダテントは、インナーが床面積の半分サイズで設計され、広々と前室が使用できるタープ要らずの優れもの。それをさらに軽量にしたのがこちら。超軽量の20Dリップストップナイロンを使用し、収納サイズもかなりコンパクト。インナーが縦横どちらでも設置可能なのも嬉しい。

TOOL.3

Fire Stand

焚き火台

軽量コンパクトだけでなく使い勝手も考慮しよう。

テント泊登山とキャンプ泊における装備の違いはたくさんあるが、最も大きな要素は焚き火台の有無ではないか。山に焚き火はそこまで必要ないが、キャンプで焚き火がないのはちょっと寂しい。

キャンプ場は基本的に直火ＮＧであるため、焚き火台とシートは必須。とはいえ、一般的に使われる焚き火台は幅を取るうえに重量もかさむ。

そんななか、昨今はＵＬ仕様の焚き火台やウッドストーブが増えており、これがバックパックキャンパーとしては非常に嬉しい限り。

ただあまりにシンプルな焚き火台を選んでしまうと不便も多い。小さな焚き火台では調理の際に火力があまり上がらないし、火床が狭いがゆえに市販の薪が載らないこともある。キャンプでは軽量コンパクトだけではなく、安定感や使い勝手も重視して焚き火台を選ぶのが正解だ。

4つのポイントをチェックしよう。

使い勝手の良い焚き火台の条件。

昨今はUL系の軽量な焚き火台が増えてきたが、重量や使い勝手はそれぞれ。ただ軽いだけでは当然もの足りなく、火床の広さや焚き火台の安定感も重視しておきたい。ここでは焚き火台選びの4つのポイントを解説していく。

POINT.1

重量は500g以下を目指そう。

重量がかさみがちな焚き火台。重たいものを選ぶと軽く1kgを超えていくので、できるだけ軽いものを選ぼう。重量の基準としては500g前後、またはそれ以下。軽いだけでなく、持ち運びがしやすい収納形状も大事な選ぶ基準だ。

十分な火床を
確保しながら
この軽量さは驚き。

たかにぃが愛用するPAAGOWORKSニンジャファイヤースタンドソロは十分な火床を確保しながら袋込みでわずか389g。

重量 389g

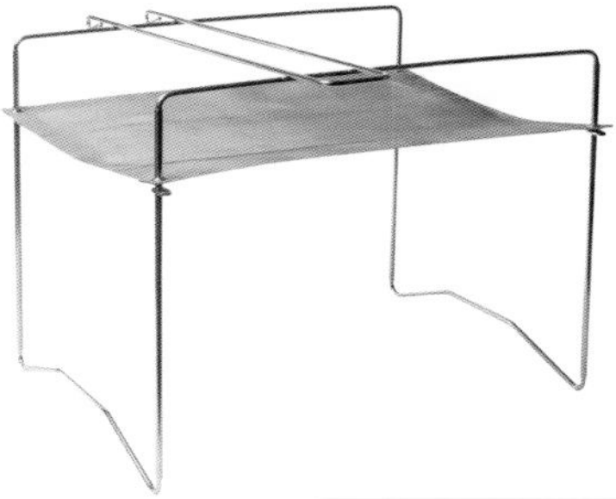

PAAGOWORKS

ニンジャ ファイヤースタンド ソロ

SPEC

値段(税込)　¥10,450
収納サイズ　40×10×2cm　**重量**　275g(最小重量)
主な素材　ステンレス　**問い合わせ**　パーゴワークス

バックパックのサイドポケットに収まるほどコンパクト、超軽量な焚き火台。耐荷重約4kgかつ2本のトップブリッジで焚き火調理も楽しめる。シンプルな組み立て、火吹き棒や火ばさみも付属するなどその作りにも注目。

筒状の形なら
バックパックの
サイドに外付け！

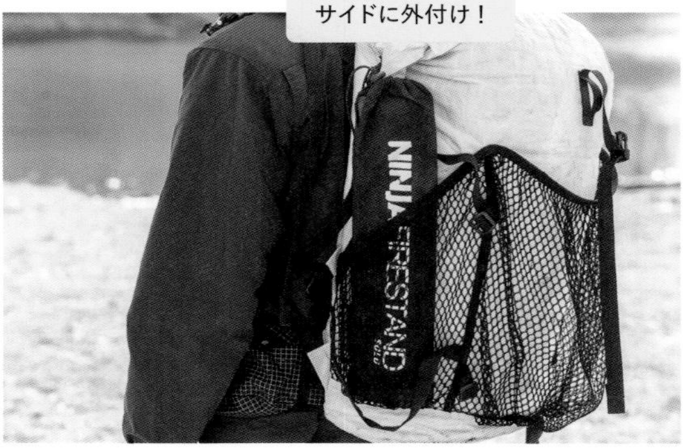

POINT.2

持ち運びがしやすい収納形状のものを。

パネル型や巻物など焚き火台の収納形状は様々だが、コンパクトに収納できるかどうかもチェックしておきたい。薄い板状なら荷室の背面に、長筒ならサイドに外付けするのが正解。

太めの広葉樹も
ちゃんと載るか
チェックしよう。

POINT.3

火床面積は 一般的な薪が載る 広さを確保しているか。

軽量コンパクトであっても、使い勝手が悪いのでは意味がない。大事なのは、火床面積がキャンプ場などで販売されている一般的な大きさの薪も載せられるかどうかだ。

POINT.4

地面から火床の高さ 火床からのゴトクの高さ をチェック。

地面から火床の高さがないと芝生の上で使うことができない。また火床からゴトクまでの高さも地味に大切で、高過ぎると火力を上げる必要があるので少々調理がしにくいことも。

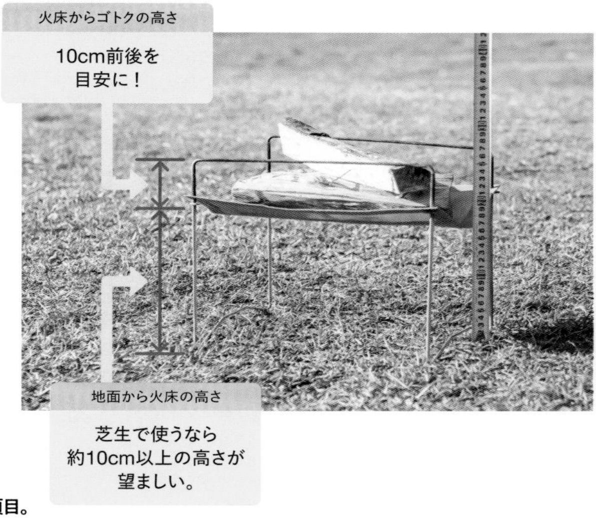
火床からゴトクの高さ
10cm前後を
目安に！
地面から火床の高さ
芝生で使うなら
約10cm以上の高さが
望ましい。

☑ 焚き火台選びの4つのチェック項目。

1. 軽量で収納性に優れているか。
2. 市販の薪が載る火床面積か。
3. 火床の高さ、ゴトクの高さは適切か。
4. 焚き火中でも持ち運べるか。

もちろん全項目が満たされていなければいけないわけではない。芝生でなければ火床の高さは気にしなくてもいいだろう。焚き火中に持ち運べると風向きが変わった際に移動しやすいので、❹も何げに重要だ。

火起こしビギナーの安心セット。

焚き火周辺ギアはこの6品で完璧。

焚き火をするためには、焚き火台だけではなく色々な道具が必要。こだわり派は麻紐やファイヤースターターで火を起こすのも醍醐味だが、ここではなるべく荷物にならないビギナー用の簡単火付けセットを紹介する。

ゴトク&火ばさみ

調理時はゴトク、焚き火の際は火ばさみとして使える2ウェイ仕様がオススメ。たかにぃはPAAGO WORKSの五徳トングを愛用。

火吹き棒

なければ焚き火ができないわけではないが、焚き火の炎を操るのに便利な火吹き棒。収納時は短くなるかさばらないものを選ぼう。

焚き火シート

多くのキャンプ場では直火が厳禁。焚き火台を使うのは当然で、下の芝生が焼けてしまわないよう焚き火シートを敷くのがルール。

余計な荷物を増やさないために、焚き火台の収納袋には本体と一緒に焚き火シートやゴトク、火吹き棒を入れておくこと。ナイフはバックパックの荷室の隙間に滑りこませ、革手袋はそのまま荷室に入れておこう。

ナイフ

火付け用のフェザースティックを作ったり、小枝を払ったりと何かと必要になるナイフ。たかにぃはMORAKNIVナイフを愛用する。

着火剤

キャンプ道具に頼らないブッシュクラフトな火起こしをするのも楽しいが、そこにこだわりがないのなら着火剤を用意。

革手袋

薪割り、火を扱うなどの際は素手では危険がともなう。棘が刺さったり火傷をしたりするのを防ぐために革手袋は必須だ。

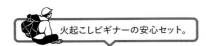

ウッドストーブという選択肢も。

キャンプ場ではない場合、薪の調達方法。

キャンプ場で薪を販売していないこともあるし、野営をする機会もあるだろう。そんなとき、周辺の木の枝や枯葉がたくさん落ちているような場所であれば、ウッドストーブを使うことができる。

ウッドストーブとは、自然のものを燃料として燃焼させる小型の焚き火台のこと。小さくとも二次燃焼に優れたものが多く、荷物の軽量化にも繋がる。ただしキャンプ場によっては、その施設の薪しか使用できないルールもあるのでご注意を。

Sola Titanium Gear

スーパーネイチャーストーブ

SPEC

価格　——
収納サイズ　25×23×0.4cm
重量　126g（本体）
主な素材　チタン

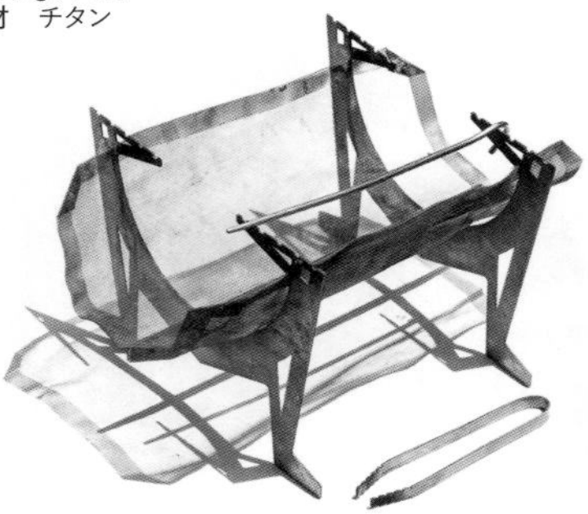

ウッドストーブとして珍しいチタン製。小枝はもちろん小さい薪なら置ける十分な火床で、燃焼効率も優秀。本体＋付属品で200gを切る軽さで、収納時は薄い1枚となりザックの背面に忍ばせやすい。

小枝はもちろん
小さな薪だって
置けちゃいます。

小型のウッドストーブにしては比較的火床が広く、存分に焚き火を堪能することができる。軽量にこだわりつつ焚き火もそれなりに楽しみたい人には最適な逸品だ。

Fire Stand Catalog

BELKROOT

en.

SPEC

価格（税込）　¥21,450
収納サイズ　20×31×2cm
重量　595g
主な素材　ステンレス鋼
問い合わせ　ベルクロート

円盤状の火床デザインの焚き火台。収納時はB4サイズに収まり、バックパック内の隙間に入るほど薄型。見た目が特徴的なゴトクは、自由自在に動かすことができ火力調整も可能な仕組み。

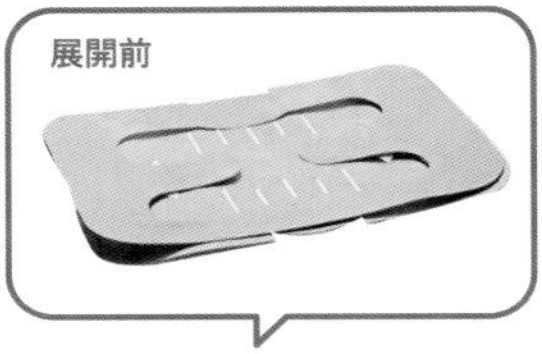

MOFMA

ユークリッド

SPEC

価格（税込）　¥15,950
収納サイズ　21×29.7×0.04cm
重量　約140g
主な素材　ステンレスSUS304
問い合わせ　モフマ

自転車キャンパーでもあるブランドの代表が、経験を基に考案した焚き火台。A4サイズの2枚のステンレスプレートを組み合わせると、少し丸みを帯びたデザインに。重さのある市販の薪もしっかり載せることができる。

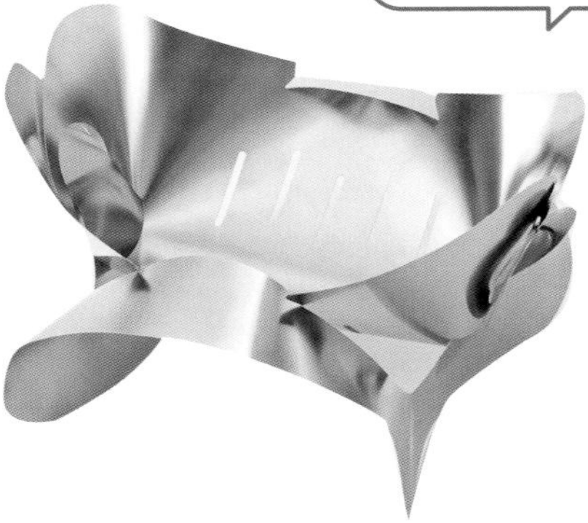

展開前

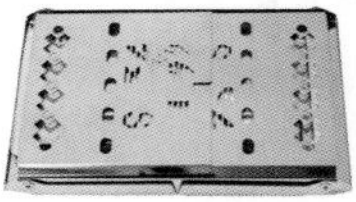

笑's

コンパクト焚き火グリル　B-6君

SPEC

価格(税込)　¥5,390
収納サイズ　12.2×18.1×1.8cm
重量　約500g
主な素材　0.6mm厚ステンレス・リベット
問い合わせ　笑's

収納時はモデル名のとおりB6サイズで厚み約1.8cmと超薄型のポケットサイズ。展開すれば箱型デザインで炭をセットしやすく、別売りのグリルプレートを使えばグリルとしても使用可能。ひとり焼肉も楽しめる。

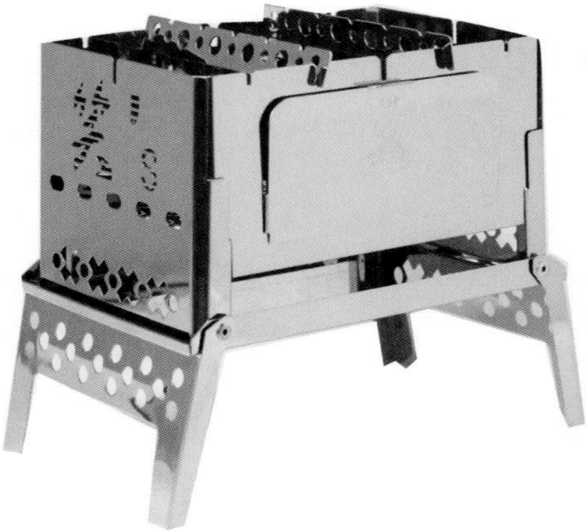

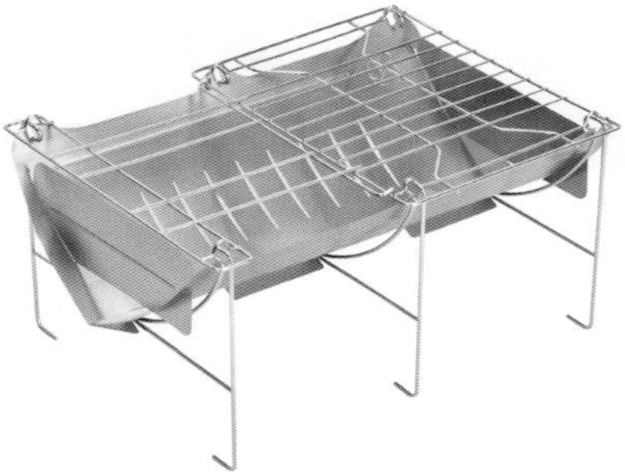

belmont

焚き火台TABI(グリルエクステンション付き)

SPEC

価格(税込)　¥12,100
収納サイズ　17.8×36×1.5cm
重量　約478g
主な素材　チタニウム、18-8ステンレス
問い合わせ　ベルモント

軽量かつ丈夫なチタン素材の焚き火台は、側板を外すことでさらに軽量となり、市販の大きな薪も投入できる設計。ずれ防止加工が施された網が付属され調理中も安心。各パーツも個別販売しているので末長く使用できる。

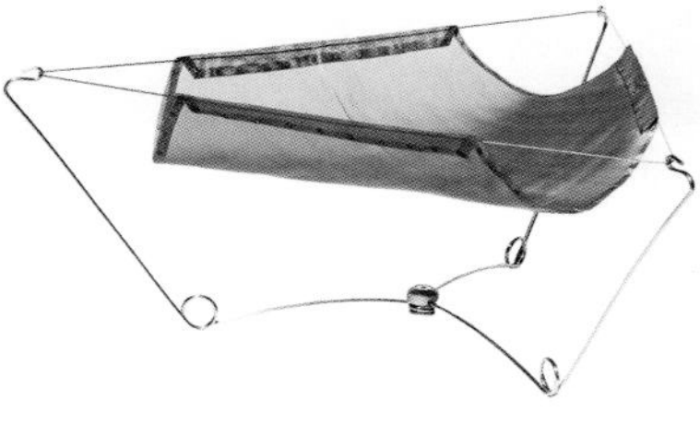

MONORAL

ワイヤーフレーム フェザー

SPEC

価格(税込)　¥19,800
収納サイズ　13×34cm
重量　125g(収納袋含む)
主な素材　チタンメッシュ、ステンレススチール、アルミ合金
問い合わせ　モノラル

モノラルの焚き火台の特徴であるテンションボックス構造を三角形に展開した超軽量焚き火台。火床はチタンメッシュを採用し、火床の安定性を実現。アームが熱くならないため焚き火中も持ち上げて運べる。

tent-Mark DESIGNS
男前ファイアグリル

SPEC
価格(税込) ¥9,900
収納サイズ 16.5×31×1.5cm
重量 約493g
主な素材 純チタン
問い合わせ テンマクデザイン

オールチタン製で、ゴトクも標準セット。シェラカップ2個が置けるサイズ感は、ソロキャンプなら調理用としても十分にいける。組み立てや片付けが楽な脚を広げる・閉じるだけのワンタッチ操作も特筆ポイント。

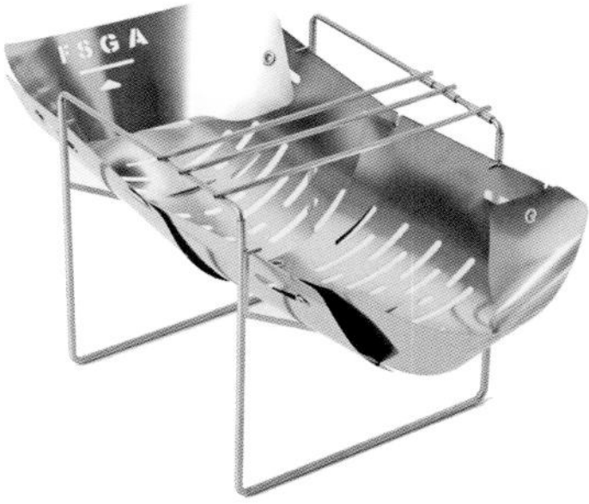

野鋭具兵学校
79式算盤火床 単型
ソロバンファイヤー アルティメット

SPEC
価格(税込) ¥23,500
収納サイズ 21×29.5×1.5cm
重量 約187g
主な素材 ステンレス
問い合わせ 野鋭具兵学校

綿密に計算された笹船火床とフレームで組み立てる、特許申請済みの焚き火台。ゴトクはクッカー調理に最適な高さでフレームにセットされている。調理後は跳ね上げて下ろすだけなのでパーツ紛失の心配もない。

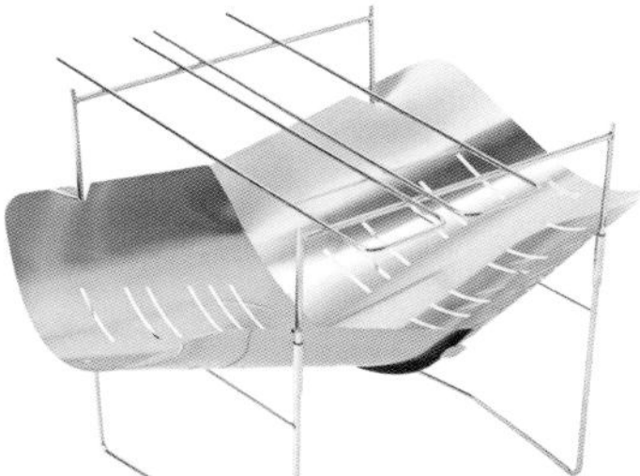

Picogrill
ピコグリル398

SPEC
価格(税込) ¥12,800
収納サイズ 34.5×24cm
重量 約442g
素材 ステンレス
問い合わせ ワンダーラストエクイップメント

2枚のプレートを組み合わせてフレームに固定する美しいデザインの軽量焚き火台。大きな薪が置ける火床を完備しつつ、A4サイズに収まる収納性。付属の2本のスピットは鍋を置いたり串焼きにしたりと便利に使える。

CARRY CAMPER

キャリーバッグひとつで全国津々浦々。ボートに乗って遊覧キャンプ。

森風美（もりふうみ）さん
キャリーキャンパー／なちゅガール編集長

キャリーバッグひとつで
日本全国どころか海外まで飛びまわる
キャリーキャンパー、森風美さん。
バックパックよりも積載力があり、
車よりも自由で機動力のあるキャリー。
今一番行ってみたいキャンプ場は、
決して車では行くことができない場所。

PROFILE

幼少期からキャンプに慣れ親しみ、今や年間80泊する生粋のキャンパー。女性向けアウトドアWEBメディア「なちゅガール」編集長。テレビ・雑誌・イベントなど幅広い分野で活躍。

船頭さんに案内されボートに揺られること10分。「一度来てみたかったんです」とはやる気持ちを抑え切れない森さん。

移動

湖畔を渡り、秘境のキャンプ場へ。

安定感のある
キャスターなので
移動もラクチン！

上：桟橋に到着。径が大きい2輪キャスターのキャリーは、キャンプ場での移動も安定感抜群！ 下：Herschel Supplyのキャリーはかなり軽量。ソフトケースは拡張性があって無理が利くのが好みだとか。

新緑の木漏れ日が照り返した湖の中を、森さんが乗った一隻のボートが進む。向かう先はボートでしか渡ることができない某キャンプ場。

幼少の頃からキャンプが身近にある環境で育った森さんは、大学生のときにBIG AGNES×Burtonの可愛いソロ向けテントにひと目ぼれしてキャンプ熱が再燃した。

車の免許を持っていなかったためバッグ選びは悩んだ。快適さを損なわずにキャンプをするには積載量がそれなりにあり、女性でも運搬しやすいバッグ……その条件を満たすのがキャリーだった。

「一番機動力があるのは車よりもキャリーかもしれません。飛行機で台湾までキャンプに行ったし、宮古島の洞窟キャンプも楽しかったです」

旅するように全国を巡る森さん。ボートで渡るキャンプもキャリー片手に無事到着。

装備&収納

惚れ込んだギアは、最後まで愛し尽くす精神で。

飛行機の預け荷物は20kg以内なのでキャリーで運べる荷物はこの重量に限られる。「車と比べて持っていくものは限られますけど、自分なりの可愛さを求めて」という装備品は、軽量性よりも愛すべきアイテムかどうか。

装備品一覧

❶【キャリー】Herschel Supplyキャリーバッグ（70L）
❷【テント】BIG AGNES×Burtonナイトキャップテント
❸【コット】DODバッグインベッド
❹【ハンガー】Naturehikeトライアングルハンギングラック M
❺【鉈】FEDECA鍛造バトニング鉈 名栗
❻【ファイヤーアンカー】TJM Metal Works
❼【グローブ】GRIP SWANY×Orangeカウハイドキャンプグローブ
❽【座布団】児島ジーンズUTILITY座布団 HISSIKI（下に敷いている座布団）
❾【バスケット】ヴィンテージ品。中は紅茶セット
❿【チェア】Helinoxコンフォートチェア
⓫【小物入れ】PENDLETONキャンパーズポーチ（身のまわりのモノやナイフ）
⓬【ハンマー】MSRステークハンマー
⓭【ペグ】村の鍛冶屋 鍛造ペグエリッゼステーク18cm
⓮【バーナー】SOTOレギュレーターストーブ
⓯【カセットガス】マグネットシートのカバー付き
⓰【シェラカップケース】CHIKIRI
⓱【クーラーバッグ】Marmot保冷バッグ
⓲【フライパン】岩鉄鉄器ダクタイルパン18
⓳【テーブル】Peregrine Funitureアルマジロテーブル
⓴【ランタン】ランタン、シェード各種

ベースウェイト 約20kg

収納術 ①

両開きなので
テーマ別に整頓しやすい。

Herschel Supplyの70Lソフトキャリーは軽量ながら積載量も十分。左はテントやコットなどの大物系、右は小物類を細々まとめている。ソフトキャリーの利点は、拡張性があり、収納に無理が利くこと。

収納術 ②

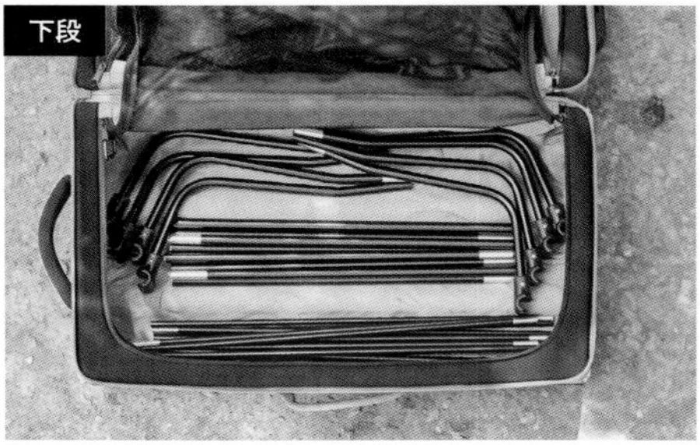

テントポールなどは袋から出して単独で底に収納。

コットの脚やテントポールは、収納袋に入れたままだと形が固定されてデッドスペースが生まれる原因に。森さんは袋から取り出してキャリー背中側のくぼみにはめ込んでいる。その上からテント幕やコットを重ねると効率よく収まる。

収納術 ③

食材や調味料はすべてミニ保冷バッグに。

Marmotの保冷バッグに食材を入れた「一人でできるもん」セット。パスタ用に用意したトマトジュースやBoscoオリーブオイル他。セリアのエッグケースも可愛い！

収納術 ④

小分け収納に最適なキャンパーズポーチ。

PENDLETONキャンパーズポーチは小分け収納に最適で、さらに個別の取り外しもできる優れもの。スキンケアアイテムやナイフ類などを小分けにして収納している。

BIG AGNES × Burtonのテントはインナーがハーフメッシュで3シーズン活躍。寝室のパフィーブランケットはアメリカ国立公園の柄が映える。DODのバッグインベッドも寝心地抜群だとか。

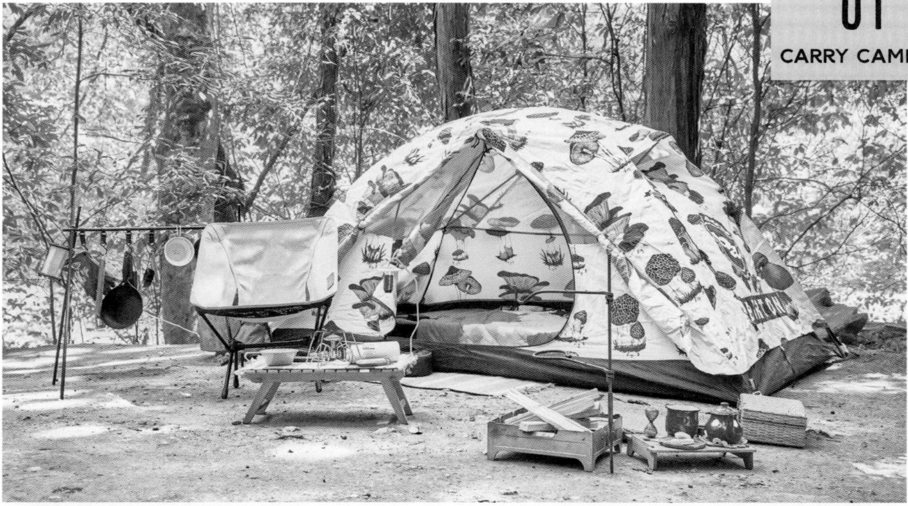

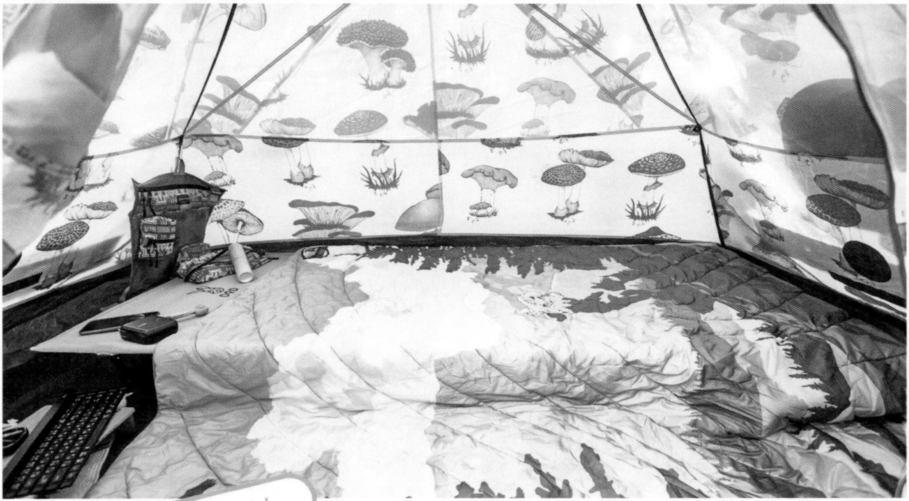

サイトレイアウト

特定のブランドにこだわらず 可愛くて使い勝手の良いものを。

テントの可愛さに惚れ込んでソロキャンプを始めた森さんの道具選びは、特定のブランドにこだわらずルックス重視。そのうえで組み立てやすさ、使いやすさも楽しくキャンプをするために欠かせないポイントだとか。

卓上はまるで、おままごとの世界。

SomAbitoのワークショップで作ったテーブルの上には、Hilanderのテーブルマットを敷いて調理セットを広げる。ミニチュアなサイズ感だが実用性は高いそうだ。

寒くなってきたら必ず持っていくもの。

冬のキャンプではこれらの装備品を追加。NORDISKモスダウンシューズ、Future Foxヒーターアタッチメント、NANGAのシュラフUDDバッグは春秋冬用として。

ハンガーにはお気に入りのシェラカップが。

Naturehikeのトライアングルハンギングラックには、pinoworksのホーローシェラカップなどを引っ掛けて。ライチョウが描かれた浅型のシェラカップもお気に入り。

焚き火の道具たち。作業は座布団に座りながら。

TJM Metal Worksのミニハンガーにダクタイルパン18をセット。座布団は腰まわりに装着できる座布団HISSIKI。猟師が使用していたものをアレンジしたアイテムだ。

硬い地面でもペグを打ち込みたいから。

硬い地面でも難なくペグが打てる、村の鍛冶屋の鍛造ペグ・エリッゼステーク18cmを使用。「重量度外視のモノ選び。この辺は私がULになり切れないところです(笑)」。

くつろぐときは地べたよりチェアがいい。

くつろぐときのチェアはリビングからキャンプ場までシーンを選ばずに使えるHelinoxのコンフォートチェアー択。淡いイエローカラーが林間の木漏れ日にマッチする。

キャンプ飯

機能重視の調理道具は
今や家用を上回るクオリティ。

「キャンプ中はいつも何かしら食べている」というほどキャンプ飯は森さんのお楽しみ。調理器具のこだわりもかなりのもので、「使い勝手を追求しているうちに、家の調理器具の機能を上回ってしまいました！」。

トマトソースパスタ
ジップロック®は
食材入れとして
活用してます！

手間をかけずに美味しく食べられる料理が好みという森さん。この日のランチはトマトソースパスタ。岩鉄鉄器のダクタイルパンは軽量かつシーズニング不要で「ズボラな私にピッタリ！」な銘品。

1

2

3

❶玉ねぎやにんにくをカット。この小さ過ぎるまな板がみじん切りに最適。シェラカップに直で入れても溢れないサイズ感が嬉しい。❷ダクタイルパンで炒める。❸ちょうど1人分サイズのトマトの紙パックジュースを加えて、煮立ったらパスタを入れ3～5分くらい茹でて完成！ 最後にバジルを大胆に添えて。

主な調理道具

・フライパン
岩鉄鉄器ダクタイルパン18
・バーナー
SOTOレギュレーターストーブ
・シェラカップ
pinoworksホーローシェラカップ

道具に愛情を注ぐからこそ紅茶も一層美味しい。「色々と試したうえでたどり着いたお気に入りのセットです」。

コーヒーよりも
お砂糖たっぷりの
紅茶派です。
BURTON

ティータイム

食後のティータイム。紅茶を嗜み森林浴。

1 UTILITY座布団 HISSIKIに座って紅茶タイム。この優雅な時間が幸せ。2 3 Peregrine Furnitureのアルマジロテーブルの卓上に紅茶セット。Emalia Olkuszのヴィンテージティーポット＆カップ、蒸らす時間を測る砂時計に紅茶のお供としてお菓子、佐賀県で手に入れた銀のスプーン……どれも森さんが愛してやまない道具たち。

キャンプで大切にしている時間がティータイム。「私はコーヒーよりもお砂糖たっぷりの紅茶派」と小ぶりなバスケットを開くとそこからは可愛らしい茶器と紅茶セットが現れた。「格好よく豆を挽くコーヒーと違って、ただ蒸らす以外、所作でやることがないんですけどね！」。

こうした理想のキャンプを日々追い求める森さん。ある意味、幼少期に体験したおままごと感。軽量に特化した道具選びではないが、とはいえオートキャンプの大荷物でもない。だからこそキャリーがちょうどよかったりする。

キャリーで日本全国どこにでも行ける自由がある反面、目的地に関する綿密なリサーチは必須だと森さんは言う。「特に治安の良い場所かどうか。車と違って危険時にすぐに逃げられないですから。キャリーのおかげで私はキャンプ力が鍛えられました」。

UL HIKER

和装でハイク&キャンプ。歴史浪漫漂う古道歩き旅。

林けいしさん／キャンパーズバル野楽Gotta

サムライのようなスタイルで森の中から颯爽と現れたのは、主に関西を中心としたエリアで登山やロングトレイルなどのアクティビティを実践する林けいしさん。独特の存在感ある出で立ちに周囲のハイカーたちの目はくぎ付け……。

PROFILE

和装スタイルでのアウトドア活動をYouTube、Instagram、Twitterなどのソーシャルメディアで発信。アウトドア好きが集う飲み屋「キャンパーズバル野楽Gotta」スタッフでもある。

アクティブな活動に対応したキモノはAXESQUIN 凌のハンテンcombat wool。そして山着のハカマ、ベースレイヤーはメリノウールのシャツ。防寒用には、屋外で着るアウターとしての機能を強化したダウン半纏をプラス。バックパックやサコッシュにもしっくりと馴染んでいる。

キモノとハカマは
通気性も良くて
意外と快適。

移動

和装で ハイクをする理由。

シューズは地下足袋の老舗で知られる丸五のスポーツ地下足袋とXEROSHOESのサンダルを併用。バックパックはZpacksのアークホールウルトラ60L、サコッシュはTAR(P)MENTのバードサコッシュを愛用。

北アルプスなど高い山での登山や、国内にあるロングトレイルでスルーハイクなども楽しんでいた林さん。数年前から、日本で古くから歩かれてきた〝古道〟の魅力に目覚め、熊野古道の中辺路や伊勢路、小豆島遍路などで、テントを背負ってキャンプをしながら歩く旅を続けている。

　中世の頃から「蟻の熊野参り」と呼ばれ、都の上皇や貴族をはじめ、多くの人々が聖地を目指して歩いたという悠久の歴史を秘めた熊野古道。苔むした石畳や、うっそうとした木々に囲まれた山の中に続く古道には、日本古来の装束が似合うのでは……と思い立ち、和装スタイルを取り入れてみたという。

　意外なことにアウトドア仕様で和服テイストのウエアはすでにいくつか存在し、着用してみるとそれらは快適そのもの。実は野外活動に適しているのだ。

装備&収納

野営しながら野山を長く歩くために選び抜かれたツールの数々。

すべての必要品を背負って歩き、野営しながら旅を続けるスタイルのため、無駄なく、かつ色々な状況に対応できるものを選び抜いたラインナップ。環境負荷をかけずに野遊びを楽しむためのツールも入っている。

装備品一覧

❶【マット】ZEROGRAMトレイルバディスリーピングパッド
❷【GoProバッグ】TAR(P)MENTバードサコッシュ
❸【小物入れ】Zpacksドライバッグ（ランタン、充電器類）
❹【小物入れ】SPACE BEAR BAGS“POOP MOJI”ポーチ
❺【サンダル】XEROSHOESアクアクラウド
❻【小物入れ】RIDGE MOUNTAIN GEARトラベルポーチ
❼【トレッキングポール】Zpacksカーボンファイバートレッキングポール（2本）
❽【テント】Zpacksデュプレックステント
❾【クーラーバッグ】JAGUYバックインクーラー
❿【ペグ入れ】自作
⓫【ボトル】HYDRO FLASKボトル＋KATADYNビーフリー（浄水器）
⓬【ゴミ袋】mont-bell O.D.ガベッジバッグ
⓭【シュラフ】SUPERIOR GEAR Superior Comforter Multi-Quilt
⓮【焚き火台】野鍛具兵学校ソロバンファイヤー
⓯【小物入れ】Zpacksドライバッグ（クッカーセット）
⓰【バックパック】Zpacksアークホールウルトラ60L

ベースウェイト 7.7kg

収納術 ①

ゴミは完全密封でテント内に保管。

食材が入っていた容器や生ゴミなどは、においが漏れると野生動物を呼び寄せてしまう可能性があるため、ゴミ袋ごと専用防水スタッフバッグに入れて外には出さない。

収納術 ②

細かいツールはジャンル別に分けて収納。

ファーストエイドやエマージェンシー用キットは目立つ赤系のスタッフバッグに入れるなど、必要なときに必要なものがすぐ取り出せるように分類してパッキング。

収納術 ③

調理関連は極力コンパクトに。

クッカーとフライパン、ストーブ＆ガス缶は見事にスタッキング。食器とカップは折りたためるタイプ。チタンのレンゲと、箸代わりに使えるトングも愛用。

収納術 ④

電子機器用のツールは全タイプを網羅。

YouTuberでもある林さんにとってスマホやデジカメ、GoProなどの電子機器はマストアイテム。予備バッテリーとすべてに給電できるケーブルを完備。

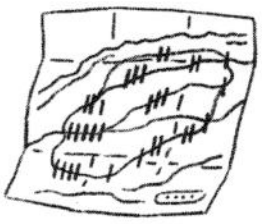

収納術 ⑤

野トイレ対策は万全を期して。

ロングトレイルでは、トイレがない場所で野営することもあるため、排泄物処理用のツールはマストアイテム。スコップ、ペーパー、ジップ付き密閉袋などをキュートな「う○ち柄」ポーチに収納。

超軽量で強度が高いダイニーマ®コンポジットを使用し、ULかつ居住性の高いテントはZpacksデュプレックステント。最低限のパーツでのみ構成されているので、設営も簡単。

サイトレイアウト

くつろぎの時間には
軽量ハンモックも活躍。

Zpacksの超軽量山岳用テント・デュプレックステントはトレッキングポールを使って立てるタイプながら構造がシンプルで内部は広々。142gの軽量ハンモックも併用してゆったりとしたくつろぎの時間を楽しむ。

テントと同メーカーのトレッキングポール。

デュプレックステントはポールが付属せずトレッキングポールを併用するタイプだが、同じメーカーのポールなので相性は完璧。歩行時にもしっかりと使える。

焚き火の着火剤にナチュラル素材を。

天然の樹脂をたっぷりと含んだファットウッドは、ナイフで削って細かく裂けば、着火剤のように使用することができる。火を起こすのにとても便利なアイテム。

JET BOILが使い勝手抜群。

小さな火力で素早く沸騰させる低燃費クッキングシステムJET BOIL。クッカーとバーナーがセットなのでとても便利。その他の調理道具もこの中にひとまとめ。

わずか187gのULな焚き火台。

野鋭具兵学校の79式算盤火床は、薄手のステンレス板使用の折りたたみ式。わずか187gで、たたむと非常にコンパクト。焚き火が手軽に楽しめる優れもの。

和の情緒溢れる光の演出。

AXESQUINの「凌」シリーズの行燈風シェード。わずか14gで、中にライトを入れると優しく光を拡散。使わないときはスタッフバッグとしても使用可。

旅の備えにエマージェンシーキット。

止しゃ薬や痛み止め、塗り薬、絆創膏や自着包帯など、怪我や不調に対応できる救急用品に加えて、近年被害が増えてきているマダニリムーバーなども携行している。

キャンプ飯

コンビニ総菜を活用しつつ地元ならではの食材もGET！

野営地に着く前に、最寄りのコンビニやスーパーで温めるだけで食べられる総菜などを購入するのがルーティン。こだわりは、旅先の名物やご当地メニュー、その土地ならではの食材を何か１品加えること。

コンビニで購入した焼き鳥をフライパンで温める。この日は仲間があと２人、それぞれがちょっと違う焼き鳥を買ってきたため、食べ比べとなった。

友人にもらったジンを浄水器の水で割って飲む。

ご当地グルメを味わうのも旅先の楽しみ。この日は神戸の春の味覚「いかなごのくぎ煮」で、お酒のアテにもぴったり。

主な調理道具

・クッカー&バーナー
JET BOILスタッシュ
・フライパン
UNIFLAME
山フライパン12cm
・カップ
SEA TO SUMMIT
X-タンブラー クールグリップ
・カトラリー
belmontチタンレンゲ
TITAN MANIAトング

この日は、次に計画している小豆島の旅についての話も。ソロで歩く友人と合流して、一部を共に歩くという。

小豆島での
幕営地は
どこにする?

古道歩き

自然と次の旅の相談が始まる。

「ウルトラライト」のブームは、アメリカのロングトレイルから生まれた。有名な三大トレイルはいずれも4000km前後もあり、軽量コンパクトな装備が求められたのだ。

普通のULキャンプや登山を楽しんでいた林さんは、熊野古道という日本古来のロングトレイルと出合うことで、その佇まいに似合うスタイルを模索するようになった。

甦りの聖地として平安の昔から人々に敬われてきた歴史を秘めた道。いにしえより数知れぬ人々が祈りを捧げながら歩いた石畳。プリミティブな大自然が息づく熊野の深い森。そこに溶け込むように歩くスタイルとは……。

「和装って、アクティブな動きには適さないと思われていますけど、昔からずっと日本人はキモノで生活してきたんですよね。日常を暮らす人々だけではなく、旅人だってそれで歩いていたんですから」。

小豆島霊場案内図

小豆島には、車がなかった時代の遍路道が昔ながらの佇まいで残されている。地図を眺めながら、幕営地をどこにしようかなど語り合うのも旅の醍醐味。

すべては渓流釣りのために。必要最低限の装備で過ごす野営キャンプ。

荒井大介さん／ナーディマウンテンワークス

キャンプが目的というよりも、渓流釣りがしたいからキャンプをする。だから用意する装備は必要最低限。荒井さん自ら手掛けるブランドの35Lのバックパックを担ぎ沢の深いところまで歩き続ける。すべては愛すべき渓流釣りのために。

PROFILE

自身も趣味とするトレッキング、バイクパッキング、フィッシングの3本柱をテーマに街から山まで使えるアウトドアブランド「NERDY MOUNTAIN WORKS」を主宰。

この日は1人だが普段は仲間と一緒に行動することが多い。「怪我したとき、1人だとアウトですからね」。

移動

良い釣りをしたいから沢の奥まで入ってキャンプをする。

「キャンプを楽しむ感覚はまったくないんですよ」と荒井さん。フライフィッシングにハマって約6年。天然のイワナを求めていつしか渓谷の沢登りがライフワークとなった。

従来の登山であれば決められたルートがあるが、沢登りにはそれがない。キャンプ指定地もないので、自由な場所でテント泊をすることになる。「テントを張る頃には体力は限界。設営をしたら栄養を補給して、あとは早朝の釣りに備えて寝るだけです」。

35Lのバックパックには必要最低限のキャンプ＆釣り道具を収納。長距離を歩くためには軽量コンパクトなギア選びが大前提だが、危険が伴う沢登りだけに道具の信頼性も重要。「命がかかっていますからね」ともの選びも真剣。すべては渓流釣りのためだ。「一度魚が釣れると病みつきになる。その感覚をたくさん味わいたいだけなんです」。

左：ツキノワグマに何度も遭遇したことがある荒井さんだけに、バックパックには三連の熊鈴を装着。「音は大きければ大きいほど良いので」。
右：ひたすら無心で歩く。「釣りをする時間よりも断然歩いているほうが長いんです」。

収納術 ①

フライフィッシングの道具は外付け収納。

長物やかさばる釣り道具は、荷室に収納するのではなく基本的に外付け対応。釣り竿はサイドコンプレッションストラップで固定。ランディングネットはバンジーコードで縛って後ろに固定している。

釣り具一覧

❶【竿】TENRYUグラスロッド6'6'' #4
❷【鈴】三連の熊鈴
❸【リール】イナガキTueffuhe
❹【シューズ】Dannerリバーグリッパー
❺【小物入れ】自作（リーダーとフライ）
❻【ランディングネット】友人の自作

装備&収納

35Lのバックパックに キャンプと釣り道具をすべて収納。

35L容量のバックパックにキャンプと釣り道具を収納。それなりの物量だが、巧みなパッキングと外付けでちょうどよく収まっている。パッキングは直接入れるのではなく、全部収納袋に小分けにしたい派なのだそう。

装備品一覧

❶【バックパック】NERDY MOUNTAIN WORKS ザックパック35カスタム
❷【テーブル】SOTOフィールドホッパー
❸【テント】Six Moon Designsルナーソロ
❹【シュラフ】NANGAマウンテンロッジバッグ120
❺【エアーマット】MAGIC MOUNTAINスーパーライト160
❻【シュラフカバー】SOLエスケープヴィヴィ
❼【クッカー】TOAKSチタンクッカー
❽【バーナー】SOTOレギュレーターストーブ
❾【保温カバー】自作のジップロック®コジー
❿【カップ】EVERNEWチタンダブルマグ300
⓫【コーヒーミル】Firebox
⓬【ライト】Ledlenser ML4(行燈付き)
⓭【カトラリー】HOVERLIGHTスポーク
⓮【食料】The Small Twistトレイルフード
⓯【ポール】Black DiamondディスタンスZ
⓰【ウエア】THE NORTH FACEクライムベリージャケット
⓱【ウエア】THE NORTH FACEダウンジャケット
⓲【小物入れ】自作のエマージェンシーセット

トータル重量 8kg

テントはワンポールタイプのSix Moon Designsルナーソロ。インナーメッシュとバスタブが付いているのがお気に入り。沢登りに使うトレッキングポールをテントに代用できるのが便利だ。

サイトレイアウト

早朝に備えて基本は寝るだけ。だから、装備は必要最低限。

渓流釣りの朝は早い。早朝は魚にとって高活性な時間帯だからだ。そのため早めに寝て翌朝に備える。寝床も最低限のものがあればいい。軽量かつ狭いスペースで手間なく設営できるルナーソロのテントを重宝している。

TOAKSチタンクッカーがベストマッチ。

クッカーは多数所有しているがSOTOのレギュレーターストーブとガス缶がぴったりはまるTOAKSチタンクッカーがベスト。OPTIMUSの風防を入れることも。

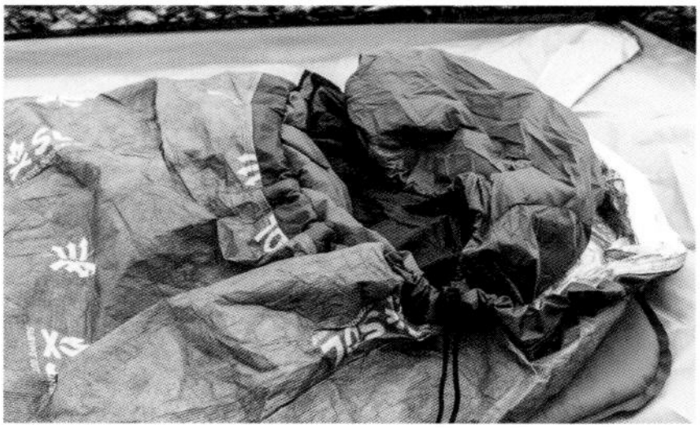

シュラフカバーを重ねて寒さ、雨対策。

シュラフカバーのSOLエスケープヴィヴィをシュラフに重ねて保温性をブースト。山の天気は変わりやすい。保温性だけでなく雨や汚れからも守ってくれる優れものだ。

ウェーディングシューズは沢登りにマスト。

滑りやすい岩場はウェーディングシューズが必須。一見するとダナーライトだがフェルトソールが滑り止めに。「長距離を歩くときは疲れるので、使い分けています」。

湯煎するだけで美味しいトレイルフード。

山やトレイルでも手軽に食べられるドライフードは、八ヶ岳で大切に育てられた旬の野菜を使ったThe Small Twist。栄養補助のためにサプリやエナジーバーも常用。

カスタムメイドのバックパックが相棒。

荒井さん自らが主宰しているNERDY MOUNTAIN WORKSのザックパック35カスタム。このブランドはサイズや外付け機能など様々なカスタムオーダーができるため、自身の体形や用途に合わせた逸品を作ることが可能。このバックパックも荒井さんが使いやすいようにカスタムした。

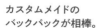

キャンプ飯

寒い日に重宝する ジップロック®コジーで温か山ごはん。

沢登りで疲弊している荒井さんにとって料理の手間はなるべく省きたいところ。その点トレイルフードは湯煎するだけなので最適。寒い朝はすぐ冷えてしまうので、そんなときはジップロック®コジーが活躍する。

寒い朝の食事は食べている途中から冷めてしまうのが悩みどころ。そこで重宝するのがジップロック®コジー。ジップロック®「スクリューロック」にアルミ遮熱材アストロフォイルを巻いたもので、保温カバーとして非常に優秀。

愛用しているThe Small Twistのトレイルフード。❶ TOAKSチタンクッカーに400mlの水とThe Small Twistの中身を入れて火にかける。❷ 沸騰したら火を止め、蓋をして10〜15分おく。最後にかき混ぜれば完成。冷めてきたら再び火にかける。

主な調理道具

・クッカー
TOAKSチタンクッカー
・バーナー
SOTOレギュレーターストーブ
・保温カバー
自作のジップロック®コジー
・カトラリー
HOVERALIGHTスポーク

フライフィッシングは基本的にキャッチ＆リリース。魚を釣るときの感触が好きで、それを味わいたいとのこと。

フライフィッシング

早朝から渓流へ出発。

早朝、まだ薄暗い時間帯からベースキャンプを出て渓流へと向かう。フライフィッシングとは欧米で歴史ある釣りのひとつで、虫に見せかけた毛鉤を流して釣る手法だ。「一度アングラーが入るとその場所は魚に警戒されるので」と解説する荒井さん。人が入らない上流まで移動していくのはそんな理由だ。

　荒井さんのキャンプはあくまでも釣りをするための手段。だが昨今はバックパックキャンプの延長としてこうしたアクティビティを始める人が増えているようだ。

「ただ初心者は危ないので、必ずベテランの方と一緒に行くこと。慣れてきたら同程度のキャリアやペースが合う人と行くと楽しめます」。

　山のひりひり感が好きな荒井さんも危険の見極めには慎重。だから道具も信頼できるものを選ぶ。安全に帰還することが第一なのだ。

1
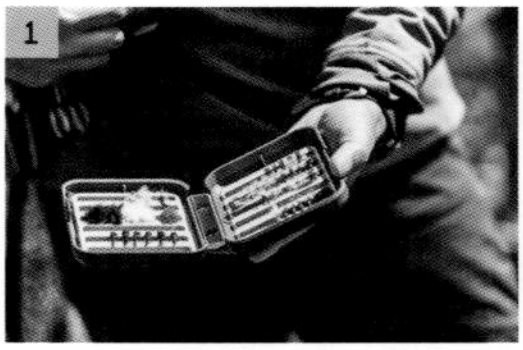
2

3

1 フライフィッシングの毛鉤。膨大な種類のフライパターンがある。 2 荒井さんが愛用するTENRYUグラスロッド6’ 6” #4。継ぎ目を合わせる確認をしたら、いざ出発！ 3 渓流へ分け入る。1日かけて一匹も釣れない日もあれば、10匹釣れる日もある。雨が降った翌日は最強のコンディションなのだとか。

TOOL.4

Cook Set

クックセット

調理したいものによって
道具選びは変わってくる。

バックパックキャンプでは調理道具選びが最も難しい。たとえばクッカーは、「どんな調理をするのか」によって最適な素材は変わってくる。たかにぃにしても、最初に購入したクッカーで大失敗。軽さを求めてチタン製を選んだが、焦げやすい性質を理解しておらず、あらゆるものを焦がしてしまったとか。

野外用ガスコンロとして、作業が簡単で便利なのはシングルガスバーナーだ。ガスの調節ネジをひねって点火させるだけ。キャンプ時の調理のスピードを高めるだけではなく、こまめにつけたり消したりできるので、ガス缶の燃料節約にも繋がる。

こうした細々とした調理道具はクッカーの中にまとめて管理しておくのがセオリー。小型の円柱クッカーならバーナーや風防を、大きめの角型クッカーならだいたいの調理道具が収まってくれる。

Cook Set

Cooker

PAAGOWORKSの角型クッカーなら全部収まります。

クッカーにすべての調理道具が収まるのが理想的。

荷物をコンパクトにするために、バックパックキャンパーはクッカー内に調理道具を収納する。円柱型クッカーなら110サイズのガス缶とバーナーなどが収まるが、大きめの角型クッカーであれば調理関連の道具をひとまとめにして入れられる。

PAAGOWORKS

トレイルポットS1200P

調理性と収納性にこだわった角型クッカー。煮る、炊く、茹でるなどあらゆる調理が可能な深なべに、汁けの多いものでも調理できる深型のフライパンも装備。蓋はお皿としても使える万能ぶり。そのままギアコンテナになる収納力だって文句なし。

SPEC

値段(税込) ¥8,030
容量 1.2L
重量 440g
素材 アルミニウム、ステンレス
問い合わせ パーゴワークス

調理、収納共に優秀過ぎる万能クッカー。

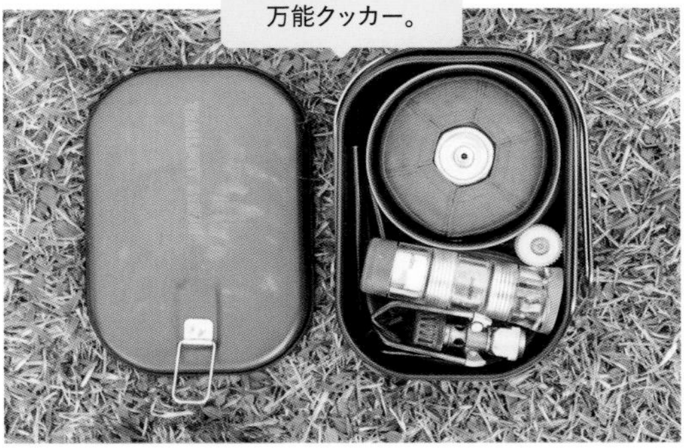

PAAGOWORKSのトレイルポットS1200Pはtrangiaのメスティンより横幅がやや広いサイズ感。ご覧のようにバーナーやガス缶だけでなく、調味料やカップ、カトラリーまで色々なものが収納可能だ。

こんなに収納できます!!

・バーナー
Snow Peakギガパワーストーブ"地"
・ガス缶110サイズ
・クッカー
EVERNEW Ti 400FDカップ
・スパイス
GSIスパイスミサイル
・カップ
WILDOフォールダーカップ
・箸
belmontフィールドスティック
・フォーク&スプーン
humangearゴーバイトデュオ
・オイルボトル
・アルミホイル

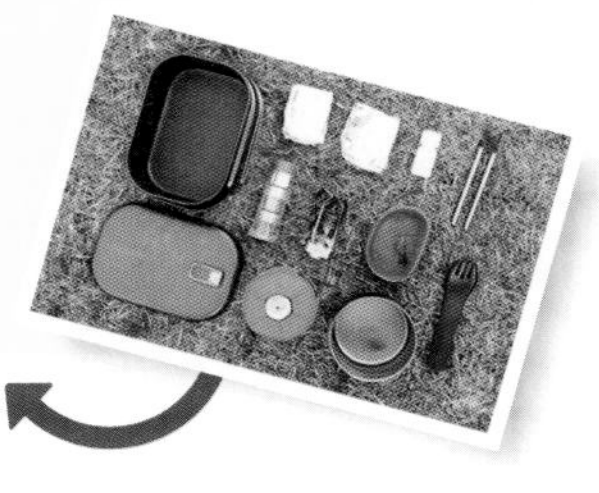

アルミとチタンの特性を
理解しておこう。

クッカーは用途によって素材を使い分けよう。

バックパックキャンパーに好まれるクッカーの素材は主にアルミとチタン製の2種類。アルミはリーズナブルで入手しやすいうえに熱伝導率が良く、チタンは非常に軽くて強度も高いがちょっと値が張るのが特徴だ。

アルミ製クッカー

コスパが良くて手に入れやすいのがアルミクッカー。熱伝導率が高く、じんわりクッカー全体が温められるので調理向き。お米を炊くほか、炒め物や煮物全般で活躍する。

[メリット]

熱伝導率が高い

[デメリット]

耐久性に乏しい

[向いている料理]

炒め物 ／ 炊飯 ／ 煮物

アルミクッカーは内外装加工ものが面白い。

昨今は無垢のアルミではなく、加工を施し焦げ付きにくく洗いやすくなったクッカーが多い。PAAGOWORKSのトレイルポットS1200P(P87)もアルマイト加工。

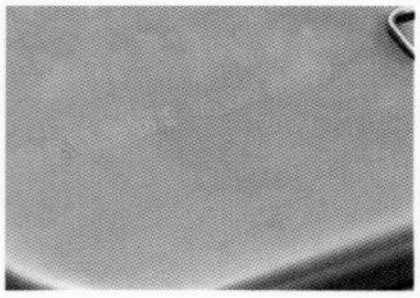

チタン製クッカー

値は張るがアルミ製よりも軽量で強度が高いのがチタンクッカー。熱伝導率が低いため局所的に加熱され焦げやすい欠点も。スープ、カップ麺やレトルトを作る際の煮沸用に重宝。

[メリット]

とにかく軽量

[デメリット]

焦げやすい

[向いている料理]

料理の煮沸 ／ スープ ／ 鍋料理

チタン焼けは、ギア好きの萌えポイント。

チタン製はクッカー自体も焦げやすいが、その焦げた使用感はむしろ魅力的だったりする。あえて空焚きをしてチタン焼けを作るこだわり派もいるくらいだ。

Cooker Catalog

EVERNEW
Ti U.L. ソロセット750

SPEC
価格（税込） ¥7,700
容量 ポット/750ml、カップ/400ml
重量 ポット/99g、カップ/50g
素材 チタン
問い合わせ エバニュー

チタンクッカーの代名詞、EVERNEWチタンシリーズ。軽量化と使いやすさを両立させた究極のソロクッカーセットは、750mlサイズのポットと、マグカップとしてTi 400FD CUPがセットになったお得な逸品。110サイズのガス缶と小型ガスバーナーを収納可能。

Snow Peak
ソロセット チタン

SPEC
価格（税込） ¥9,504
容量 ポット/880ml、カップ/540ml
重量 181g（本体のみ）
素材 チタン
問い合わせ スノーピーク

軽量で強度の高いチタンを採用した880ml容量ポットと540ml容量カップのセット。熱に強いシリコン製のツマミが付いた蓋は両サイズで使用可能。カップはOD缶が収納できるので単体での持ち出しもできる。ショートスクーがスタッキング可能なのも嬉しい。

JINDAIJI MOUNTAIN WORKS

ヒルビリーポット350

SPEC
価格（税込）　¥5,940
容量　350cc
（最大450cc）
重量　62g
素材　アルミニウム
問い合わせ　ジンダイジマウンテンワークス

20世紀初頭の山人や放浪者が使用した空き缶クッカーをオマージュした軽量アルミクッカー。ノーハンドルだが付属する難燃・断熱素材のカーボンフェルトを縁に巻けば持ちやすい。マグカップサイズで110サイズのガス缶収納もぴったり。

EVERNEW

山岳飯盒弐型

SPEC
価格（税込）　¥13,200
容量　本体/900ml、蓋/550ml、ナカゴ/400ml
重量　370g
素材　アルミニウム（アルマイト加工）
問い合わせ　エバニュー

自衛隊で採用されていた戦闘飯盒弐型の山岳仕様で、炊飯はもちろん煮る、炒める、さらには蒸し調理もできるマルチユースな機能が魅力。2合炊きサイズはコンパクトに持ち運べるため、ソロキャンパーから人気の高いモデルだ。

SOTO

サーモスタック クッカーコンボ

SPEC
価格（税込）　¥8,800
容量　大型マグ/750ml
重量　310g
素材
マグ350ml/ステンレス、
マグ400ml/チタン、
マグ750ml/アルミニウム
問い合わせ　SOTO

調理もできる750mlの大型マグに、重ねてダブルウォールで使える400mlと350mlのマグのほか、マグリッドやリフター、収納袋になるコージーなど計8点の豪華なセットに。様々な用途に使用できる。
※OD缶は付属しない。

trangia

ツンドラ3 ミニブラックバージョン

SPEC
価格（税込）　¥9,900
容量　──
重量　364g
素材　アルミニウム
問い合わせ
イワタニ・プリムス

ソロからデュオキャンプまで対応するコンパクトサイズのクッカーは、蓋になるフライパンのほか、2サイズのソースパン付きの3種セット。ノンスティック加工が施された本体は、調理中は焦げ付きにくく、使用後は汚れを落としやすい。

PRIMUS

クッカー イージー
クックNS・ソロセットM

SPEC
価格(税込) ¥4,730
容量 ポット/900ml、ミニポット/400ml
重量 250g
素材 アルミニウム(ハードアノダイズド加工、内側ノンスティック加工)
問い合わせ
イワタニ・プリムス

米なら約1.8合まで炊飯できる900mlと400ml容量のクッカーセット。小型クッカーやガス缶が内部に収納できる内径11.2cmサイズが使い勝手抜群。調理中はもちろん、そのままお皿として持てるハンドルも非常に便利。

trangia

ミニトランギア

SPEC
価格(税込) ¥6,160
容量 ソースパン/800ml
重量 350g
素材 本体/アルミニウム、ハンドル/ステンレス
問い合わせ
イワタニ・プリムス

800ml容量のソースパンのほか、蓋になるフライパン、ミニハンドル、さらにブランドを代表するアルコールストーブと専用ゴトクのセット。すべてスタッキングでき、持ち運びも簡単。これひとつでキャンプの調理道具が完結する。

UNIFLAME

山クッカー 角型 3

SPEC
価格(税込) ¥7,920
容量 鍋13/1L、鍋11/600ml
重量 約449g
素材 アルミニウム(アルマイト加工)
問い合わせ ユニフレーム

角型のクッカーセットはスタッキングしやすく、中にカトラリーなどの小物も収納できる優れもの。約1L容量の鍋13、約600ml容量の鍋11のほかフライパンも付属し、様々な調理が可能。持ちやすいハンドルは食事の際に役立つ。

EVERNEW

バックカントリー
アルミポット

SPEC
価格(税込) ¥5,280
容量 650ml
重量 140g
素材 アルミニウム(アルマイト加工)
問い合わせ エバニュー

一合炊きができ、焚き火で遠慮なく使える小型のアルミポット。一度は生産が終了したが、日本生産として復活。アウトドアアクティビティ好きから愛され続けている。ハンドルは片側には倒れず自立、もう片側は鍋に沿ってたためる。

Cook Set

Burner

安定感を生み出すのはゴトクの形状。

安定感のあるバーナーが重宝する。

調理系コンロはアルコールバーナーや固形燃料を使うもの、ガソリンを使うものなど色々と種類があるが、最もポピュラーなのはガスバーナー。選ぶ基準として火力はもちろん大事だが、もうひとつチェックしておきたいのはクッカーを置いたときの安定感だ。

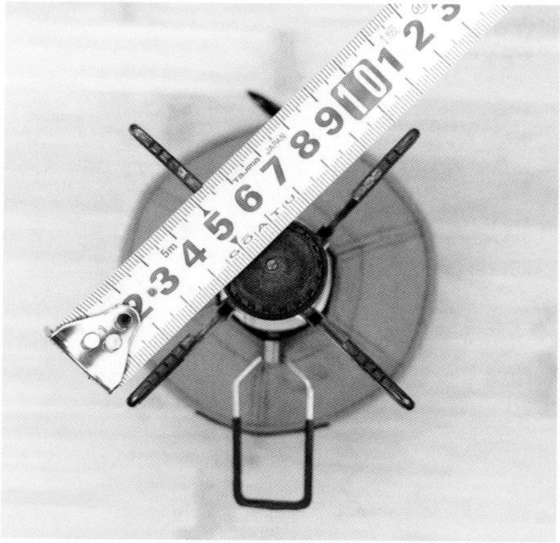

POINT.2

ゴトクの直径は10cm以上が理想。

クッカーの大きさはメーカーによって様々だが、右で紹介した4本ゴトクに加え、ゴトクの直径が10cm以上あれば比較的どのようなクッカーでも安定して置くことができるはずだ。

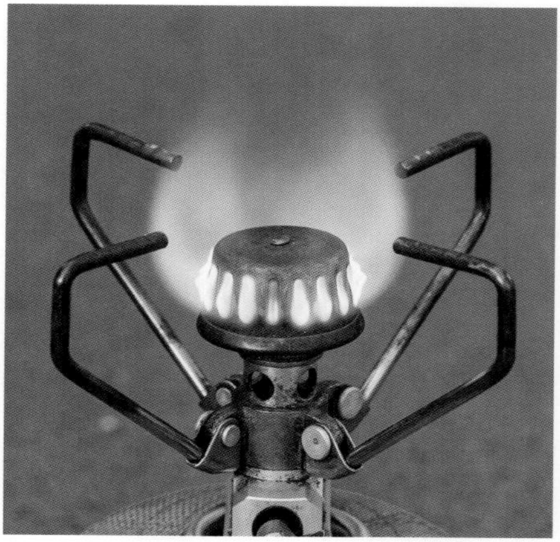

POINT.1

4本ゴトクが安定感抜群。

ULを突き詰めるなら3本ゴトクのほうが断然軽量だが、キャンプで使用するのであれば4本ゴトクが安定感があって望ましい。サイズが大きめなクッカーも転倒の心配なく置くことができる。

上の条件なら角型クッカーを置いても安定感あり。

円柱型の小型クッカーならどんなバーナーでも安定するが、大きめの角型クッカーを置くのであれば、「直径長め」の「4本ゴトク」の条件が満たされているほうが断然安定感あり。

長さ9cm以下なら
ULクッカーにも収まる。

バーナーはクッカーに収納できることを前提に。

調理関連の道具をひとまとめに管理しておくことを考えれば、バーナーはクッカーにスタッキングできることを前提にして選びたい。Ｐ87で紹介した角型クッカーなら余裕で収まるが、１１０サイズのガス缶がちょうど収まる円柱型クッカーを所有しているキャンパーであれば、自分が使っているバーナーがクッカーの中に収まるかどうか確認しておきたい。

理想はバーナーの長さが９㎝以下。そのサイズなら大抵の円柱型クッカーに収まる。

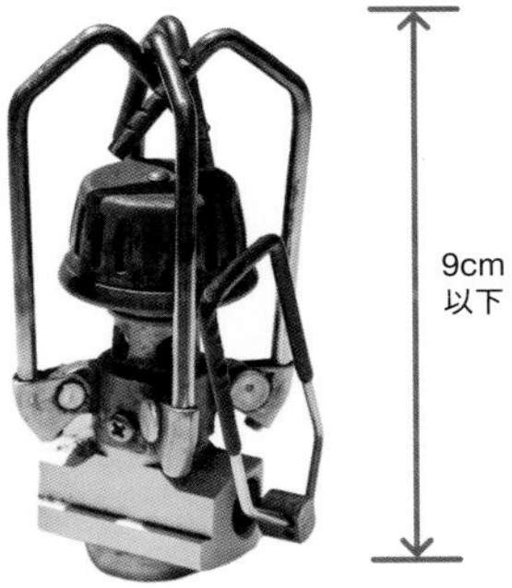

たかにぃが愛するSnow Peakギガパワーストーブ“地”。ゴトクをとじた状態で直径を測ると9cm前後。このサイズならどんなULクッカーでも大抵はスタッキングできる。

こちらのEVERNEWのチタンウルトラライトクッカー深型は、同ブランドのチタンクッカーの中でも直径が狭いタイプだが、Snow Peakギガパワーストーブ“地”は長さ9cm以下なのでしっかりと収納。もちろん9cm以上のバーナーがNGというわけではなく、所有するクッカーの径よりも小さいバーナーを選ぶのが大事ということだ。

[スタッキング実例]

・EVERNEWチタンウルトラライトクッカー深型S……直径9.4cm
・Snow Peakギガパワーストーブ“地”……長さ8.2cm

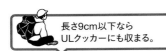

Burner Catalog

PRIMUS
P-153 ウルトラバーナー

SPEC
価格（税込） ¥11,000
最高出力 3,600kcal/h
重量 116g
問い合わせ イワタニ・プリムス

点火装置が垂直に設置されているため、収納時は7.5 × 8.8 × 3.0cmの手のひらに収まるコンパクトなバーナー。安定性の高い4本ゴトクは148mmと90mmで展開できる。X字にデザインされたゴトクが風を防いでくれる。

Snow Peak
ギガパワーストーブ“地”

SPEC
価格（税込） ¥6,380
最高出力 2,500kcal/h
重量 75g
問い合わせ スノーピーク

1998年に誕生してから世界中に愛用者がいるブランドを代表するロングセラー。胸ポケットに入る大きさを目指し開発されたというだけあり、クッカーを選ばずスタッキングできる。シンプル設計の4本ゴトクは安定性も高い。

SOTOウインドマスターは
3本ゴトクから4本に変更できる。

右で紹介したSOTOのマイクロレギュレーターストーブ ウインドマスターは、着脱式のゴトクが特徴。「小型3本ゴトク」が標準装備されるが、別売の「大型4本ゴトク」を取り付けることで大型クッカーにも対応。キャンプの際はこのオプションを活用したい。

標準は小型3本ゴトク。ソロ登山など厳しい環境に身をおく際は軽量なこっち。

着脱式なので別売オプションとなる大型4本ゴトクに変更できるのが嬉しい。

キャンプの調理で使うなら4本ゴトクのほうが安定。目的によって使い分けよう。

SOTO

マイクロレギュレーターストーブ ウインドマスター

SPEC

価格(税込) ¥8,800
最高出力 2,800kcal/h
重量 67g
問い合わせ SOTO

取り外し可能なゴトクで小さく持ち運びできるコンパクトバーナー。独自に開発したバーナーヘッド構造とマイクロレギュレーター機構が融合し、風はもちろん寒さにも強く、外気温に左右されることなく使用できる優れもの。

Cook Set

Table

天板サイズの基本形を知ろう。

コンパクトテーブルは収納性が一番。

調理道具が一式置けるように作られることが多いコンパクトテーブルは、おおよそのサイズ感が決まっている。メーカーによって数cmの差はあるが、縦20×横30cmが平均サイズといえる。

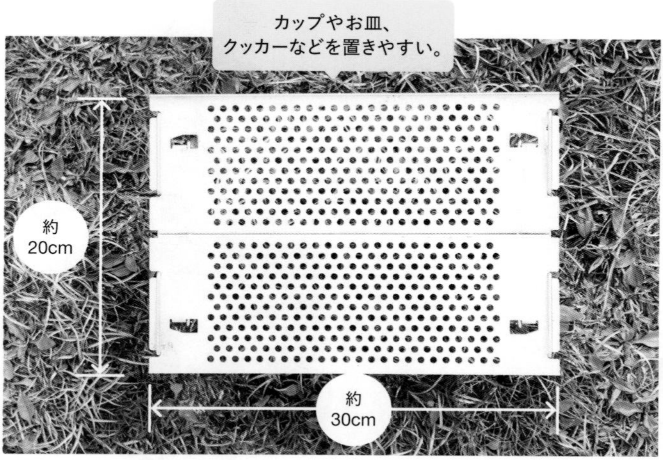
カップやお皿、
クッカーなどを置きやすい。
約
20cm
約
30cm

このくらいのサイズだと、2分割したときにちょうどバックパックに差し込みやすい利点がある。高さに関しての正解はなく好みで選んでOKだ。

2分割できるテーブルはバックパックに収納しやすい。

折りたたみ式

SOTO

フィールドホッパー

中央から折りたためるタイプ。1枚を折りたたむ構造でパーツの一部を紛失することがない。スタンドもはみ出すことなく収納できる。

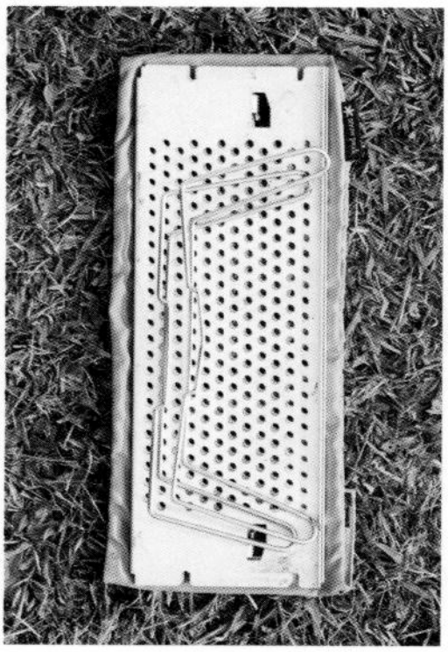

分割式

Snow Peak

オゼンライト

天板が2つに分割できるタイプ。パーツは天板2枚とワイヤースタンド2本というシンプルな構造で、コツをつかめば組み立てもとても簡単だ。

Table Catalog

Snow Peak
オゼンライト

SPEC
価格(税込)　¥6,820
収納サイズ　12×29.7×2.5cm
重量　270g
天板素材　アルミニウム合金
問い合わせ　スノーピーク

携行性に優れた、山岳用A4サイズのミニテーブル。肉抜きすることで軽さを追求した天板2枚を並べ、ワイヤースタンド2本をセットするだけの簡単なセッティング。専用の収納ケースも付き、すっきりと持ち運びができる。

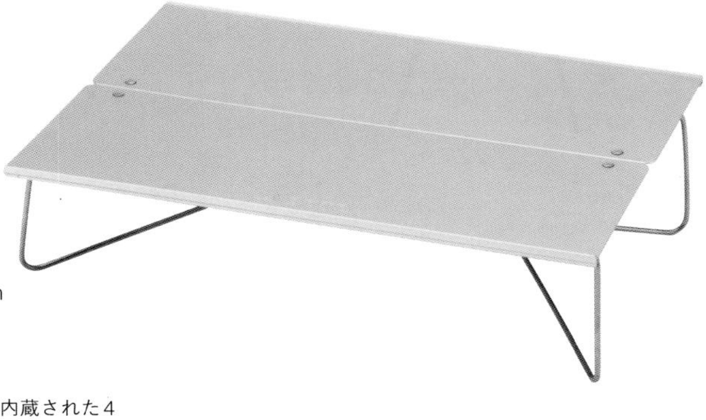

SOTO
フィールドホッパー

SPEC
価格(税込)　¥5,940
収納サイズ　29.7×11×1.9cm
重量　約395g
天板素材　アルミニウム
問い合わせ　SOTO

独自の構造により、天板裏に内蔵された4本の脚がワンタッチで展開・収納できるミニテーブル。折りたたむとA4ハーフサイズになるので、バックパックなどの隙間に差し込めるのが嬉しい。焚き火中のサイドテーブルとしても活躍するアルミ製。

tent-Mark DESIGNS
フラットスペース

SPEC
価格（税込）　￥1,980
収納サイズ　15×40.25cm
重量　348g
天板素材　アルミニウム
問い合わせ　テンマクデザイン

脚を省くという画期的なアイデアで、広いスペースを確保できるように考案されたトレッキング用テーブル。長辺、短辺の2パターンで連結でき、ジョイントパーツも天板を挟むだけのシンプルな作りなので手間要らず。

Helinox
テーブルオーホーム

SPEC
価格（税込）　¥9,680
収納サイズ　40×29×3cm
重量　350g
天板素材　オーク
問い合わせ　エイアンドエフ

フラットなサークル形状の天板に3本の脚を差し込むだけのシンプルなサイドテーブル。組み立て時は約39cmとどんなチェアにも合わせやすい高さ。オーク素材の天板は直径26.5cmとソロキャンプに最適なサイズ。

Peregrine Furniture
アルマジロテーブル

SPEC
価格（税込）　¥9,680
収納サイズ　7× 30×5.5cm
重量　250g
天板素材　クルミ/タモ
問い合わせ　ペレグリン・ファニチャー

使い込むごとに味の出る、クルミやタモのウッド素材を使ったソロサイズのテーブル。ドローコードで繋がれた4枚の天板は、パタパタと折りたたむだけで持ち運びできる。テント前室や室内の荷物置きとしても便利。

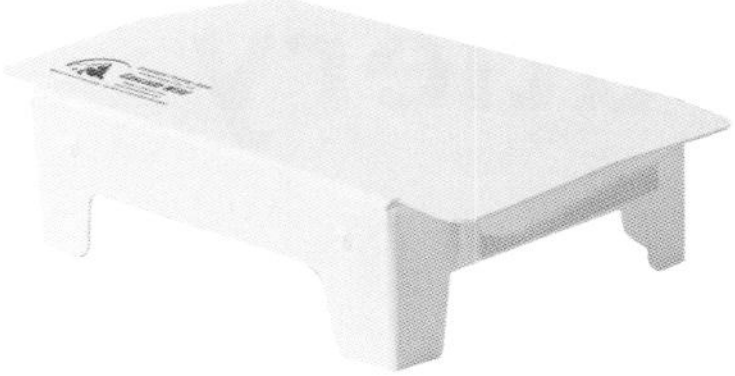

Cascade Wild
ULフォールディングテーブル

SPEC
価格(税込)　¥1,870
収納サイズ　9×30.5×1.5cm
重量　66g
天板素材　ポリプロピレン

プラスチック製ダンボールを素材に、重量が脅威の66gという超軽量なコンパクトテーブル。中央で折りたたんだ天板を展開すると、裏面4ヵ所に脚が付属。スナップボタンで組み立てるだけで完成するシンプルな構造。

VERNE
トレッキングパッド

SPEC
価格(税込)　¥10,450
収納サイズ　10.8×31.4×1.5cm
重量　230g
天板素材　アルミニウム5052/ポリプロピレン
問い合わせ　アンバイ ジェネラルグッズ ストア

驚異的な軽さと堅牢性を実現したテーブル。3回折りたたむだけの構造で、秒単位で設置が可能。収納時の厚みはたったの1.5cm。ウレタンのカッティングパッドがセットになり、保護／収納ケースとして使用可能。

belmont
ヤマタク

SPEC
価格(税込)　¥9,900
収納サイズ　10.5×28×2.4cm
重量　205g(チタン天板込み)
天板素材　桐/チタン
問い合わせ　ベルモント

桐の木材を使用したシンプルなコンパクトテーブルは、チタンの天板が付属。リバーシブルで天板を使用できるため、使い勝手抜群。片面をまな板として、もう片面はカップ置き場として、など様々な使い方が可能に。

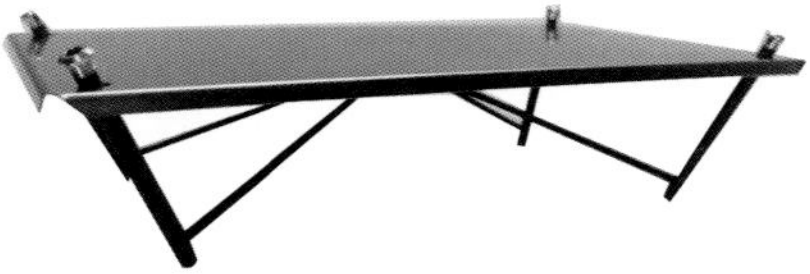

factory-b
LEVEL

SPEC
価格(税込)　¥11,000
収納サイズ　14×24×0.5cm
重量　88g
天板素材　チタン
問い合わせ　factory-b

アウトドアテーブルの常識を覆すLEVELは、純チタンの天板を支える4本のカーボンパイプが独立して無段階調整が可能。不整地でもアルコールストーブ燃料やクッカーの液面を水平に保つ。特許取得済み(PAT.6976502)。

Cook Set

Cup & Cutlery

収納時にかさが小さくなるものを。

カップ、カトラリー選びの基本。

カトラリーやカップなどは、収納時になるべくかさが小さくなるものを選ぼう。箸、スプーン、フォーク、カップなどをまとめてクッカーに収納できれば理想的だ。

POINT.1

全部まとめて コンパクトになるものを。

カトラリーの場合

カトラリーの基本は箸、スプーン、フォークの3点。スプーンやフォークなら軽量でワンセットになるもの、箸は2分割でき刀の鞘のようにしまえるタイプが望ましい。

POINT.2

変幻自在な TPE素材が便利。

カップの場合

TPEの代表モデルがWILDOフォールダーカップ。熱を加えると軟化するのが特徴で、液体を移し替える際、注ぎ口を変形させてこぼれにくくすることも可能。

シェラカップを引っ掛けると旅感がアップ！

minimalize gearsのシェラカップはオールド加工されていて、使うごとに味が出てくる。

バックパックに引っ掛けて持ち歩こう。

シェラカップはスタイル重視でいい。

かさが小さくなりにくいシェラカップはどうすべきか。答えは「シェラカップは持っているだけで気持ちがあがるものなので好きなものを使うべき」とたかにぃ。シェラカップケースに重ねてもいいし、バックパックに引っ掛けて持ち歩くと俄然お洒落に見える。

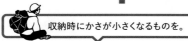

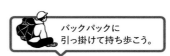

Cup & Cutlery Catalog

WILDO
フォールダーカップ

SPEC
価格（税込） ¥660
重量 約25g
素材 TPE
問い合わせ UPI

スウェーデン生まれ、WILDOの代表傑作といえるカップで、40年以上変わらないデザインで愛され続ける。内側に折りたためるカップはつまみを引き上げるだけで立ち上がる。

極 SONS COCOpan
ベーシック16cm

SPEC
価格（税込） ¥5,830
素材 特殊熱処理（窒化鉄）
重量 284g
問い合わせ 極SONS COCOpan

持ち手がなくそのままテーブルに置ける鉄フライパンは、国産の鉄フライパンメーカーとのコラボ。焦げ付きやサビに強く手入れも簡単で、鉄製調理道具の初心者も安心。

SEA TO SUMMIT
X-カップ

SPEC
価格（税込） ¥1,210
素材 シリコン/ナイロン
重量 45g
問い合わせ ロストアロー

食品グレードの耐熱シリコンとBPAフリーナイロンを組み合わせたカップ。液体を入れても安定する丈夫さに加え、中央を押すと平らになり円盤状で持ち運びが可能。

Snow Peak
和武器M

SPEC
価格（税込） ￥5,280
素材 グリップ/ステンレス、ディップ/竹
重量 約40g
問い合わせ スノーピーク

登山用語でカトラリーを意味する「武器」の名が冠されたアウトドア用の箸。2分割できる本体は刀のように収納できるデザインで、国外からも評価される名作。

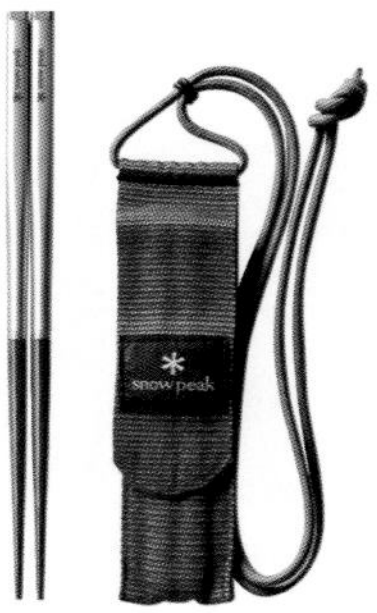

humangear
ゴーバイトデュオ

SPEC
価格（税込） ￥1,100
素材 ナイロン
重量 22g
問い合わせ
モンベル・カスタマー・サービス

100% BPAフリーのナイロン素材を採用した軽量なカトラリーは、スプーンとフォークの2点セット。2枚重ねできるので収納性も良く、深さのあるクッカーにも対応。

Cook Set

Cooler Bag

コンパクトクーラーでも
1泊分の食糧を収納可能。

保冷力はもちろん収納力も大事。

オートキャンプでは大型クーラーボックスを持参するが、バックパックキャンパーなら小ぶりなクーラーバッグが基本。たっぷり収納できるので1泊ならこのサイズで十分。

未使用時は
潰しておくと
かさばらない。

ISUKAのコンパクトクーラーバッグLはサイズ15×21×15cm。小さ過ぎると思うかもしれないが、配置の工夫次第でかなりの収納力を発揮。1泊分の食料保管も可能。

上下2段に分けて
収納するとたっぷり入ります。

350mlビールだけなら
6本入る！

冷凍炒飯や肉類、
カット野菜などを収納。

アイスボックスと
350ml缶ビールを2本。

ISUKAのクーラーバッグLは保冷力、収納力共に抜群に良い。上下2段に分けて収納すればかなりの食材が収まる。カバー裏のネットにも食材収納が可能。

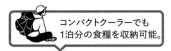

Cooler Bag Catalog

mont-bell
クーラーボックス　4.0L

SPEC
価格(税込)　¥2,970
サイズ　15×21×13cm
重量　120g
問い合わせ　モンベル・カスタマー・サービス

本体内部にアルミラミネートフィルム加工が施され、保冷・保温ができるパック。蓋裏にはメッシュ素材のポケットが付くため、小さな保冷剤や調味料類などの整理に役立つ。

ISUKA
コンパクトクーラーバッグL

SPEC
価格(税込)　¥2,420
サイズ　15×21×15cm
重量　115g
問い合わせ　イスカ

本体内側に断熱性に優れたアルミ蒸着の断熱材を使用したポーチ。350ml缶が6本収納でき、軽量キャンプにはちょうどいいサイズ。さらに小さいミニとSサイズの展開もあり。

買い出しのあとは手持ちでキャンプ場へ。

パッキングの項でも解説したが、クーラーバッグはキャンプ場到着前の買い出しでバックパックから取り出し、その後は手持ちで移動するルーティンがオススメ。持ち歩くからこそコンパクト性が大事なのだ。

Oregonian Camper
メスティンウォームキーパー L

SPEC
価格(税込) ￥2,420
サイズ 15×22×30cm
重量 170g
問い合わせ トラウター

メスティンラージが2個収納でき、蒸らし調理に役立つメスティンウォーマー。保冷剤を入れると保冷バッグとして使え、360ml缶が6本入るサイズは小物収納としても有効。

KiU
600D ソフトクーラーバッグ5L

SPEC
価格(税込) ¥2,640
サイズ 16×24×15cm
重量 320g
問い合わせ KiU

撥水加工の施された600D生地を使った保冷バッグで、着脱できるショルダーストラップで持ち運び可能。未使用時はコンパクトに折りたため、食材を調達する際に便利。

Oregonian Camper
HYADクーラーパック8

SPEC
価格(税込) ¥2,970
サイズ 14×21×26cm
重量 約150g
問い合わせ トラウター

350ml缶6本と保冷剤が収納できるロールトップ式保冷バッグは、クーラーinクーラーという新しい発想で誕生。内部の縫製は目止めされた防水仕様で水漏れしにくい。

AO Coolers
キャンバスソフトクーラー6パック

SPEC
価格(税込) ¥10,560
サイズ 17×25×17cm
重量 680g
問い合わせ ビッグウィング

高密度の独立気泡フォームにより、夏場も高い保冷機能を誇るソフトクーラー。インナーには、ウォーターベッドにも使用される高品質TPUライナーを採用した堅牢なデザイン。

Other Item Catalog

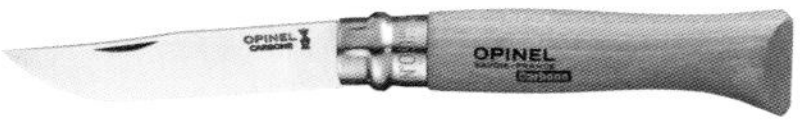

OPINEL

カーボンスチールナイフ No.09

SPEC
価格(税込)　¥2,640
重量　約57g
素材　刃/ハイカーボンスチール
問い合わせ　ハイマウント

130年以上の歴史を誇る、折りたたみナイフを代表する銘品。切れ味がよく研ぎやすいカーボンスチールブレードは、安全ロック付きで持ち運び中も安心。包丁としてはもちろん、アウトドアの様々なシーンで活躍。

GSI

スパイスミサイル

SPEC
価格(税込)　¥2,200
サイズ　約10×φ3.5cm
重量　60g
問い合わせ　エイアンドエフ

2気室の円形ケースが3段セットになったスパイス入れ。計6種類の調味料を持ち運べるほか、ねじ込み式でケースを追加することも可能。1段ごとに片面に穴のあいた内蓋が付き、必要な調味料だけ手軽に取り出せる。

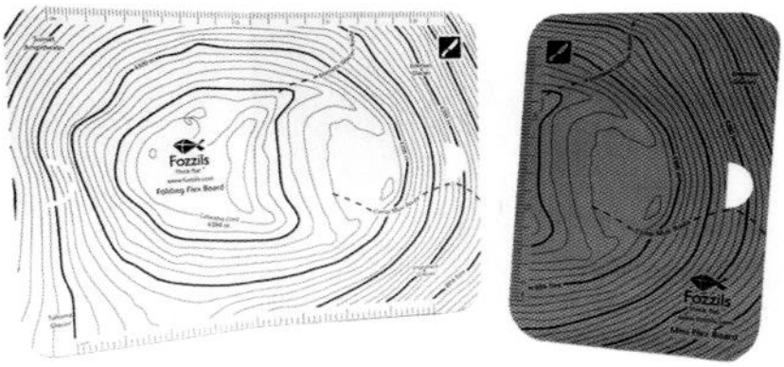

Fozzils

カッティングボード

SPEC
価格(税込)　¥1,100
サイズ　大/26×18cm、小/18×12.7cm
重量　大/35g、小/17g
問い合わせ　モンベル・カスタマー・サービス

軽量なポリプロピレンを使ったカッティングボードは、等高線デザインがアウトドアらしい雰囲気。大サイズは折りたたみでき、収納時は小サイズのボードを固定できる爪が付く。まな板のほか、皿としても活用可能。

WANDERLUST EQUIPMENT

ワイドマウス・スタッフサック

SPEC
価格(税込)　S(左2つ)/¥3,200、M/¥3,900、L/¥4,400
重量　S/12g、M/18g、L/34g
問い合わせ　ワンダーラストエクイップメント

底面に摩耗に強いダイニーマ®を使ったサック。カトラリーやバーナーの収納に使えるSサイズ、メスティンMにフィットするMサイズ、着替えなどを入れるのに使えるLサイズの3サイズ展開。大きく開く口も使いやすい。

TOOL.5

Sleeping Gear

スリーピングギア

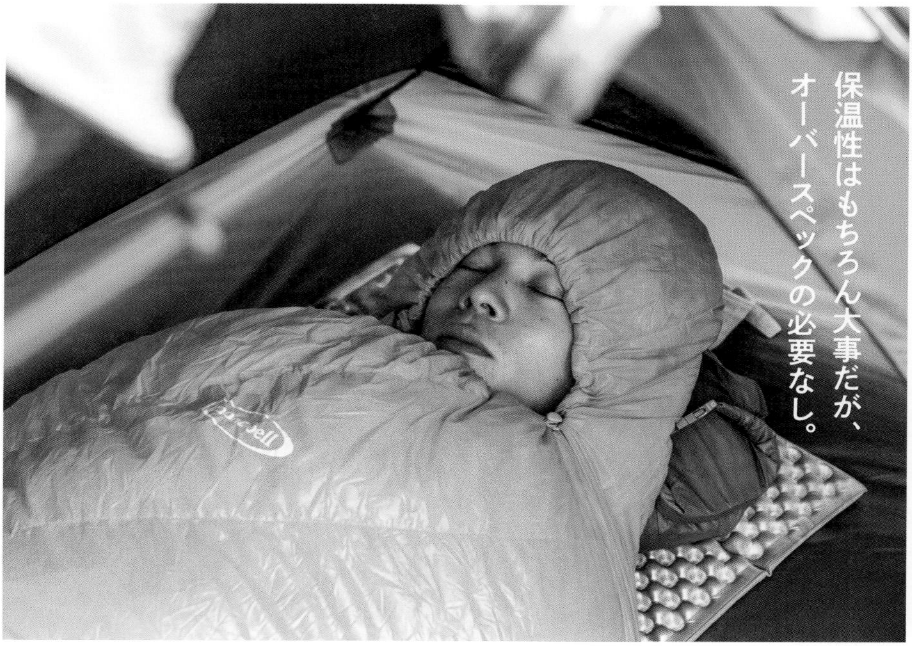

保温性はもちろん大事だが、
オーバースペックの必要なし。

「どのアイテムからお金をかけるべきか」。バックパックキャンプの道具がまだ揃っていない初心者の悩みのひとつだ。優先順位をつけるとしたら、まずはシュラフだけは奮発して買ったほうが良い。それ以外は、安めのものでも代用が利くことが多いからだ。

だが、ここで注意しておきたいことがひとつ。なるべくオーバースペックなシュラフを選ばないようにすること。保温性の高いスペックのシュラフはその分ダウン量も多く重たくかさばってしまう。結果、バックパックの中に収まり切らない、ということも。

厳しい環境でない限り、キャンプであればちょうどよい機能のものを購入したい。その目安として、シュラフは「快適使用温度」、マットなら「R値」という数値がある。３シーズンで使うならシュラフは快適温度０℃、マットならR値２・０が適切だ。

Sleeping Gear

Sleeping Bag

値は張るがダウンシュラフを
選ぶべき。

シュラフは主に2種類の素材がある。

シュラフの素材は主にダウンと化繊があるが、ダウンのほうが軽量かつ保温性も優秀。値は張るものの寝床の快適さを重視するバックパックキャンパーならダウンシュラフを優先したい。

化繊シュラフ

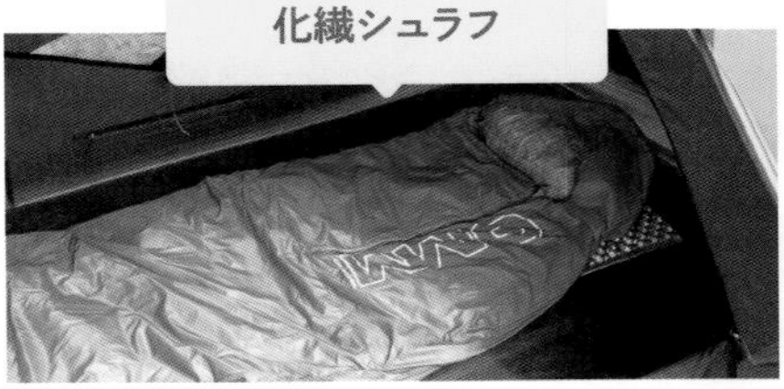

天候に左右される厳しい環境なら化繊が◎。

[メリット]
比較的安価(例外あり)
水に強い

[デメリット]
保温性はダウンに劣る

化繊シュラフのメリットは水に強いこと。山岳マラソンレースに出場する人なら化繊のほうが良いが、キャンプだけならそこまでのスペックは必要ない。

ダウンシュラフ

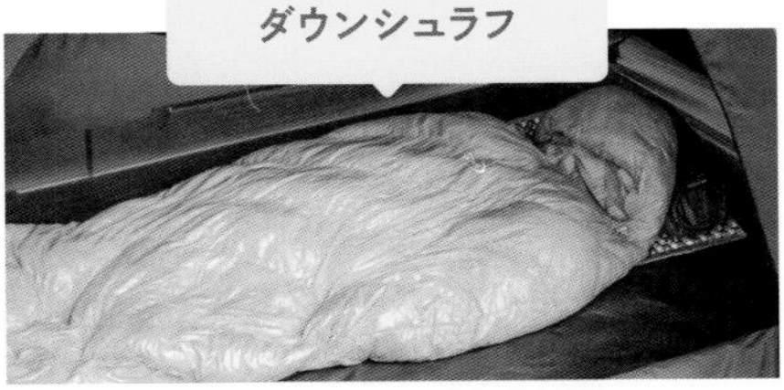

スペックは高いが水に弱いので要注意。

[メリット]
軽量コンパクト
保温性がある

[デメリット]
水に弱い、高価

軽量コンパクトで保温性にも優れているが、それなりに値が張る。また水にさらされると保温効果は激減する。収納時は防水カバーの中に入れておこう。

シュラフカバーとの合わせ技で保温性をブースト。

シュラフひとつで寒いと感じたら、シュラフカバーを重ねて保温性をブーストさせよう。たとえば防水性のあるSOLのエスケープヴィヴィは、多くのハイカーたちも愛用する。

スペックで選ぶなら

快適使用温度を無視すべからず。

快適使用温度とは?

快適使用温度とは、成人女性が寒さを感じることなく寝られる温度域のこと(男性より寒さを感じやすいため約5°C高く算出)。一方、限界使用温度という数値もあり、これは成人男性が寝袋の中で丸くなり8時間寝られる温度域。まずは快適使用温度を参考に。

ベストな快適使用温度は?

0°C

たかにぃが考えるキャンパーに最適な快適使用温度は約0°C。マットのR値2.0と組み合わせて。

Sleeping Bag Catalog

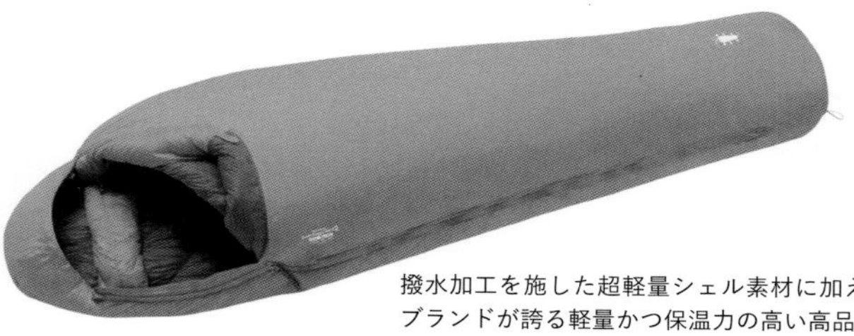

mont-bell
シームレス
ダウンハガー800 #2

撥水加工を施した超軽量シェル素材に加え、ブランドが誇る軽量かつ保温力の高い高品質800FP EXダウンを使用。ダウンの偏りを防ぐスパイダーバッフルシステムを採用し、冬山でも使用できる高いスペックのシュラフ。

SPEC
価格(税込)　¥42,900
快適使用温度　0°C
限界使用温度　−5°C
重量　703g
素材　ダウン
問い合わせ
モンベル・カスタマー・サービス

NANGA
オーロラライト450DX

NANGAが独自に開発した防水透湿素材、オーロラライト素材を使用した3シーズンモデル。暖かさを追求したボックスキルト構造のほか、立体的なフード構造で寒い時期も快適な睡眠へと導いてくれる。

SPEC
価格(税込)　¥45,100
快適使用温度　0〜−5°C
限界使用温度　−5°C
重量　865g
素材　ダウン
問い合わせ　ナンガ

NANGA
オーロラライト350 SPDX

高レベルの防水透湿性能を持つオーロラライトを採用した最軽量モデル。ポーランド産グースダウンを封入することで、少量の羽毛でも保温性を担保することができる。

SPEC
価格(税込)　¥66,000
快適使用温度　——
限界使用温度　−6°C
重量　730g
素材　ダウン
問い合わせ　ナンガ

ISUKA
ダウンプラスポカラX

SPEC
価格(税込) ¥31,900
快適使用温度 −1.2℃
限界使用温度 −7.3℃
重量 1060g
素材 ダウン
問い合わせ イスカ

かまぼこの断面のように上部にゆとりを持たせた3D構造。ショルダーウォーマーにより首や肩まわりの寒さを軽減し、暖かい空気を本体に閉じ込める。コスパが良いのも◎。

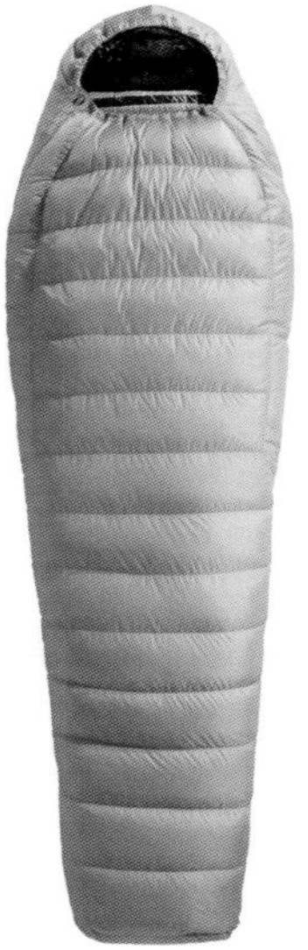

ISUKA
エアプラス 450

SPEC
価格(税込) ¥51,700
快適使用温度 −1.2℃
限界使用温度 −7.3℃
重量 840g
素材 ダウン
問い合わせ イスカ

軽量で保温力の高い800FPホワイトグースダウンを採用。セパレートボックスと呼ばれる両サイドに付いた縦ボックスの構造によりダウンの偏りを防ぐハイエンドモデル。

Katabatic gear
フレックス15°F
ハイパー ドライダウン 850FP

SPEC
価格(税込) ¥56,000
快適使用温度 −2℃
限界使用温度 −9℃
重量 759g
素材 ダウン
問い合わせ アブレイズ

超軽量なアメリカのULシュラフ。優れた撥水性で湿気からダウンを守るPertex Quantumを使用。背中側の生地を排除し、スリーピングパッドを併用するキルトスタイル。

Highland Designs
ダウンバッグ

SPEC
価格(税込) ¥45,100
快適使用温度 0〜10℃(3シーズン)
限界使用温度 −6℃
重量 555g
素材 ダウン
問い合わせ ハイカーズデポ

ハイカーズデポがオリジナルで設計したシュラフ。ULを象徴するフードレスデザインで、超撥水ダウンを採用。足元まで開くフルジップを使い、気温に合わせて調整できる。

Sleeping Gear

Mattress

好みの問題なので
寝心地と予算で判断しよう。

マットも
主に素材が2種類。

シュラフの下に敷くマットにも素材の種類がある。オススメはクローズドセルマットとエアーマット。これは好みの問題でもあるので、特徴や寝心地を理解したうえで、好きな素材を選ぼう。

クローズドセルマット

お手軽に使えるが
かさばるのが問題。

発泡性のあるポリエチレンマットに凸凹の突起を加えたものがクローズドセルマット。軽量ですぐに使え、また穴があくなどの心配もない。蛇腹式にたためるが、長さがかさばることは否めない。ザックのサイドに外付けしよう。

とにかくかさばる。
外付け収納で
対処しよう。

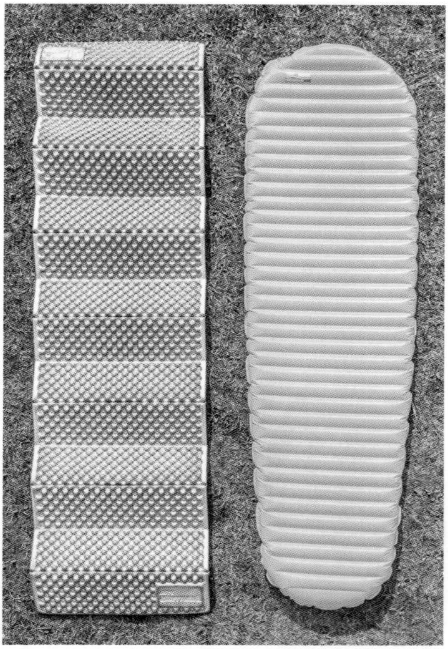

エアーマット

ふわりとした寝心地で
収納もコンパクト。

ふわふわの寝心地を堪能できるエアーマット。その心地良さと小さく圧縮できることが特徴だが、膨らませるひと手間が必要なのと、穴があいたら使えないというデメリットも。値段はクローズドセルマットに比べるとやや高い。

ポンプを使えば
空気入れも
楽になりますよ。

スペックで
選ぶなら

R値を知ればマット選びも明確に。

R値とは?

マットの断熱性を表す数値。断熱性があるとその分地面からの冷気を遮断してくれる。つまりR値が高いほどマットの断熱効果が優れている。通常ホームセンターなどで買うことができる銀マットが0.25～0.5だが、キャンプで必要なのはもっと高いR値だ。

ベストなR値は?

2.0

季節にもよるが冬以外の3シーズンならR値2.0が適切。冬のキャンプならR値3.5～4.0は必要だ。

Mattress Catalog

山と道
ULパッド15プラス（175cm）

SPEC
価格（税込）　¥8,250
R値　2.0
重量　198g
素材　XLPEフォーム
問い合わせ　山と道

登山用ULギアブランド、山と道が初めて生み出したマットレスシリーズからの逸品。保温材としても使用される15mm厚のXLPEフォームにシボ加工を施し、13mm厚まで圧縮。耐久性やクッション性、断熱性を高めている。

Therm-a-Rest
リッジレスト クラシック R

SPEC
価格（税込）　¥5,830
R値　2.0
重量　400g
素材　架橋ポリエチレン
問い合わせ　モチヅキ

アウトドア用マットレスを作り続けてきたブランド発、軽量EVAフォームを採用したクローズドセルマット。ロール式のためバックパックに収納する際、ギアを囲むように入れれば背中のクッション材としても活用できる優れもの。

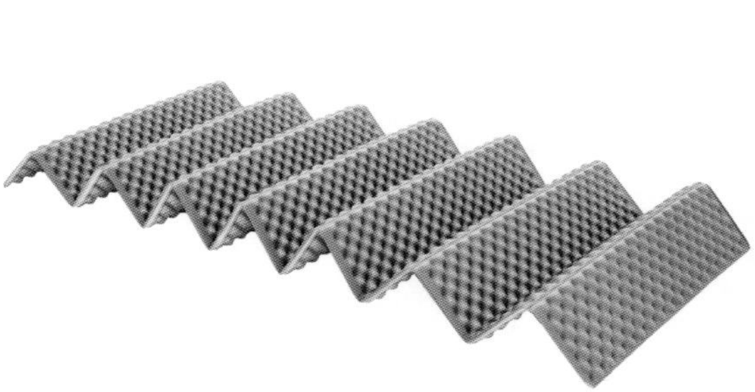

SOOMLOOM
キャンプマット

SPEC
価格（税込）　¥2,680
R値　——
重量　約410g
素材　アルミニウム×IXPE
問い合わせ　スームルーム

リーズナブルな価格帯が嬉しいこちらのモデルは、表面には六角形の凹凸設計、裏面にはアルミ加工が施され、冷気をしっかりシャットアウトしてくれる。弾力性や耐久性に優れたIXPE素材を使用し、快適な寝心地が手に入る。

mont-bell

U.L. コンフォートシステム エアパッド 180

SPEC

価格(税込)　¥12,650
R値　1.4
重量　514g
素材　30Dポリエステル リップストップ
問い合わせ
モンベル・カスタマー・サービス

空気を入れると7㎝まで厚みの出るエアパッドは、足元に向かいシェイプされたデザインでより軽量に。保温性・快適性の高いボックス構造を採用し、フラットな寝心地を実現。寝返りを打っても朝までしっかり安眠できる。

KLYMIT

スタティックV2

SPEC

価格(税込)　¥15,400
R値　1.3
重量　約463g
素材　ポリエステル
問い合わせ　ハイマウント

ブランドを代表する軽量エアーマット。マット上に深い溝ができるデザインと立体的な空気室により、寝返りを打っても空気の流動が少なく快適。収納時は手のひらサイズと非常にコンパクト。

Therm-a-Rest

ネオエアーウーバーライト R

SPEC

価格(税込)　¥42,900
R値　2.3
重量　250g
素材　15Dナイロン
問い合わせ　モチヅキ

軽さやコンパクトさ、保温力のバランスに優れた「ネオエアー」シリーズの中で最もコンパクトなモデル。トライアンギュラーコアマトリックスを採用し、軽量化を実現しながら効果的な断熱効果を発揮。快眠を約束する。

Therm-a-Rest
Zライトソル R

SPEC
価格(税込) ¥9,900
R値 2.0
重量 410g
素材 架橋ポリエチレン
問い合わせ モチヅキ

クローズドセルマットの決定版として、長年人気を誇るロングセラー。表側にはアルミを蒸着させ、断熱性を高めている。アコーディオンのように折りたたみができるため、キャンプ場に着いてすぐ広げられる手軽さが魅力。

Therm-a-Rest
ネオエアーXライトNXT R

SPEC
価格(税込) ¥39,600
R値 4.5
重量 354g
素材 30Dリップストップナイロン
問い合わせ モチヅキ

7.6cm厚に膨張し、保温効果も高い快適なエアパッド。超軽量なうえに、ペットボトル程度のコンパクトサイズで持ち運び可能。空気の流れを最大化する逆流防止機能により、簡単に膨らみ、撤収も素早く完了できる。

NEMO Equipment
テンサー レギュラーマミー

SPEC
価格(税込) ¥24,750
R値 2.5
重量 365g
素材 20DPUポリエステル
問い合わせ
イワタニ・プリムス

マットレスに定評のあるブランドの定番エアーマット。伸縮性の低いダイカットトラスを使用し、エアーマットに起こりがちな肘や腰が地面に当たるのを防止。指1本で硬さの微調整が可能なフラットバルブ付き。

NEMO Equipment
スイッチバック レギュラー

SPEC
価格(税込) ¥8,800
R値 2.0
重量 415g
素材 ポリエチレン
問い合わせ
イワタニ・プリムス

六角形の独自デザインをベースに設計されたクローズドセルフォームパッド。裏面には熱を反射するサーマルフィルムを装備。高さのある独特のフォーム形状で保温性を確保し、快適な寝心地をかなえる。

Sleeping Gear

Pillow

だから、スタッフサックに
何かを詰めるだけだっていい。

枕は極力
荷物にならないものを。

軽量第一のバックパックキャンプで枕を持ち込む人はあまりいない。空気を膨らませて使うエアーピローか、または空のスタッフサックに何かしらを入れて枕として代用するのが一般的。

エアーピロー

収納時は空気を抜き小さく丸めておく。

小さなサイズの
枕なので
すぐに膨らみます。

収納時は空気を抜いてコンパクトになるので場所を取らず、携帯性にも優れているエアーピロー。フワフワの感触で寝たい人はこっちを選ぼう。クッションとしても活用することもできる。

サックピロー

感触の良いものをスタッフサックに。

中に入れるのは
みなさんの
お好きなものを。

荷物を増やさないために、普段使用するスタッフサックに何かしらモノを詰めて枕にするキャンパーも多い。何が寝心地が良いかは個人差があると思うので、色々と入れて試してみよう。

重さのあるものを入れると枕の滑り止めになる。

たかにぃの場合、寝ているときに枕がずれないよう多少重さのあるものを入れるのが好みだとか。「アルファ米を入れてもいい。衣類だと重さが足りなくて枕がずれやすいんです」。ちなみに彼が使用する収納袋はSEA TO SUMMITのウルトラシルドライサック。袋も滑り止めになってくれる。

余ってしまった
レトルト系食材を
詰め込んでも◎。

Sleeping Gear Catalog

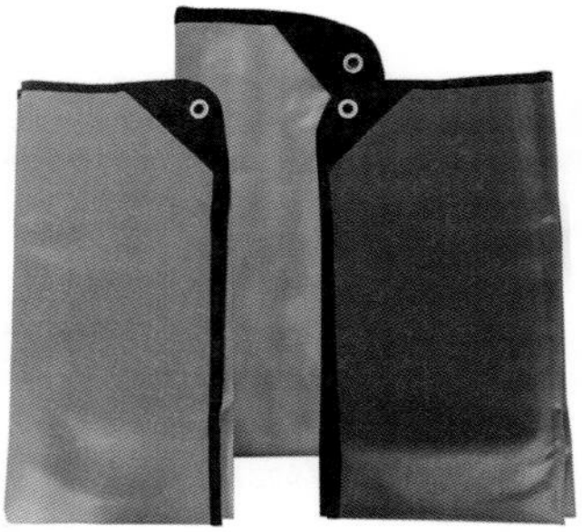

SOL
ヘビーデューティ エマージェンシー ブランケット

SPEC
価格(税込)　¥2,860
重量　223g
素材　ポリエチレン/アルミ
問い合わせ　スター商事

アウトドアラバーなら一度は目にしたことがある定番のブランケットの2.5倍の厚みをもたせ、少々の力を入れて引っ張っても破れないタフな仕様に。高純度アルミを蒸着加工させたポリエチレンシートで、体熱の90%を反射して保持。

PATHFINDER
サバイバルブランケット

SPEC
価格(税込)　¥3,960
重量　340g
素材　ナイロン/アルミ
問い合わせ　UPI

アルミ側を内側にして身体を包み込むことで体温の放出を抑えることができるブランケットは、いざというときのエマージェンシーシートとして軽量キャンパーなら所持しておきたい。野営時のグラウンドシートとしても重宝する。

NEMO Equipment
フィッロエリート

SPEC
価格(税込)　¥7,040
重量　80g
素材
ポリエステルジャージ
問い合わせ
イワタニ・プリムス

携行していることを忘れてしまうくらいの軽さとコンパクトな収納サイズを実現した究極のピロー。頭にフィットする立体形状のエアチャンバーと100%リサイクル素材のプリマロフト製のレイヤー構造で、野外とは思えない寝心地に。

GRANITE GEAR
ドリームサックピロー

SPEC
価格(税込)　¥3,300
重量　57g
素材　30Dコーデュラシル ナイロン/フリース
問い合わせ　ソキット

30Dコーデュラシルナイロンを採用したピロー。サック半分にはフリース素材が貼ってあり、スタッフサックとしてだけでなく衣類などを詰めれば就寝時にマイ枕として使用できる一石二鳥アイテム。フリースの肌触りは病みつきに。

TOOL.6

Light

ライト

好み次第だが、私はバッテリー派。

コンパクトライト。バッテリー式と電池、どっちを選ぶ?

3in1ケーブルがあれば就寝前にまとめてチャージできちゃう！

コンパクトでも十分な光量を発揮するLEDライトだが、充電式と電池、どちらを選ぶべきか。お互いに良し悪しはあるが、たかにぃは充電派。だからモバイルバッテリーは必須だ。

[バッテリー式]

- 電池代がかからない。
- ほかの製品もバッテリー式で揃えれば充電が一気にできる。

[デメリット]

- 充電し忘れると対処できない。

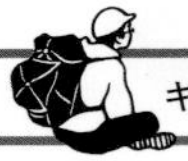

キャップやシャツにクリップ！

ヘッドライトはバンドではなくクリップで装着。

両手がフリーになって便利なヘッドライトだが、たかにぃはバンドよりも軽量なクリップ派。照射したいモノに合わせて、キャップやシャツの襟など取り付け位置を変えよう。

ピンマイクさながら開襟シャツにセットしてもOK。

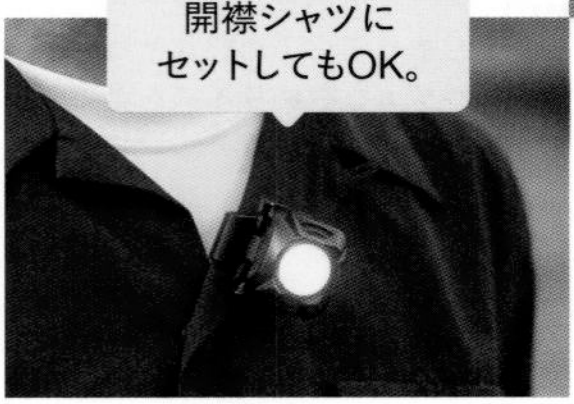

キャップをかぶっているならツバにクリップするのが王道の使い方。シャツの襟にピンマイクさながらにクリップする付け方も面白い。

Light Catalog

Goal Zero
ライトハウスマイクロフラッシュ

SPEC
価格(税込) ¥5,280
充電式
使用可能時間 最大170時間
重量 68g
問い合わせ ゴールゼロ

手のひらサイズながら最大150lmの明るさを誇るLEDライト。2段階の明るさ調整のほか、トップには手持ちで使えるフラッシュライトが付き、3つの点灯モードの切り替えも◎。

Ledlenser
ML4

SPEC
価格(税込) ¥5,940
充電式
使用可能時間 最大45時間
重量 約71g
問い合わせ レッドレンザー

眩しさを軽減した最先端のマイクロプリズムテクノロジーを搭載し、市販の単三電池での使用もできるほか、付属充電池を入れたままUSB充電できるなど、機能性抜群の逸品。

UCO
ミニキャンドルランタンキット2.0

SPEC
価格(税込) ¥3,520
キャンドル
使用可能時間 約4時間
重量 99g
問い合わせ モチヅキ

大きめのガラス面から炎の揺らめきを楽しめる小型アウトドアキャンドルランタンの代名詞。充電の必要がなく、フィールドはもちろん緊急時など防災面でもひとつあると便利。

milestone
MS-G2

SPEC
価格(税込) ¥6,380
充電式
(リチウムイオンポリマー充電池)
使用可能時間 14時間
重量 28g
問い合わせ マイルストーン

驚愕の明るさ400lmを誇るヘッドライトは超ワイドな照射で足元の視認性も確保。明るさ調整はもちろん点灯パターンも充実。ヘッドバンドのほか、専用クリップも付属する。

CARRY THE SUN
ソーラーランタン

SPEC
価格(税込) スモール/¥3,190、ミディアム/¥4,290
充電式
使用可能時間 6時間充電/15時間点灯、8時間充電/72時間点灯
重量 スモール/57g、ミディアム/86g
問い合わせ キャリー・ザ・サン

丈夫なヨットのセイル生地を採用したスタイリッシュなデザインのソーラーランタン。日中に本体を太陽の下にさらしておくだけで充電できるため、場所を問わず使用可能。

TOOL.7

Wear《ウエア》

ダウンやレインウエアは必須。
夏でもフリースは用意しておきたい。

悪天候や寒さ対策。ウエアの備えあれば憂いなし。

泊まる日数で持参する衣類も変わるが、最低限用意しておきたいのは防寒着とレインウエア。防寒着は重量があり、かさばってバックパックに入らないと思われがちだが、ダウン素材なら丸めて小さくなるので持ち運びも非常に楽。ただ焚き火の際は火の粉で穴があかないように注意しよう。レインウエアも軽量コンパクトなものを選ぶこと。

Wear Catalog

寒いときは
ダウンの重ね着も
ありです。

mont-bell
ライトアルパインダウンパーカ

SPEC
価格(税込)　¥19,140
重量　354g
素材　ダウン
問い合わせ
モンベル・カスタマー・サービス

撥水性に優れた軽量なダウンジャケットは、シュラフ開発で培った技術が凝縮。寝袋と同様の800 FP EXダウンに加え、ボックス構造を取り入れて保温力は抜群。ポケット内のコードを引くだけで裾のフィット調整が可能。

収納時は
小さくまとめれば
手のひらサイズ。

mont-bell
バーサライトジャケット

SPEC
価格(税込)　¥18,700
重量　134g
素材　ゴアテックス
インフィニアム™
ウインドストッパー®ファブリクス
問い合わせ
モンベル・カスタマー・サービス

従来のレインウエアの常識を覆す究極の軽量コンパクト性を実現した一着。高い透湿性を誇るボディ素材にはシームテープ処理を施し、耐水性も非常に優秀。1gでも荷物の重量を減らしたいハイカーに好まれている。

Naturehike
グースダウンパンツ

SPEC
価格（税込） ¥7,990
重量　約265g
素材　ダウン
問い合わせ　ネイチャーハイク

ゴムと紐でウエスト調整ができるダウンパンツは、防水・撥水加工され野外でも安心。足首まわりの冷気の侵入を防いでくれるデザインで、インナーパンツに着用すればより暖かく。

mont-bell
シャミース

SPEC
価格（税込） ¥5,830
重量　245g
素材　シャミース
問い合わせ
モンベル・カスタマー・サービス

極細マイクロファイバーを密に編み込み保温性を高めたシャミース素材を採用した薄手ジャケット。蒸れを素早く逃してくれるのでインナーとしても活躍。ストレッチ性も優れる。

Naturehike
ダウンシューズ

SPEC
価格（税込） ¥3,590
重量　S/80g、M/90g
素材　ダウン
問い合わせ　ネイチャーハイク

700FPのダウンを封入したダウンシューズで、付属のスタッフサックに入れれば手のひらサイズに。丸洗いが可能なので、いつでも清潔に使えるのも嬉しい。防水機能付き。

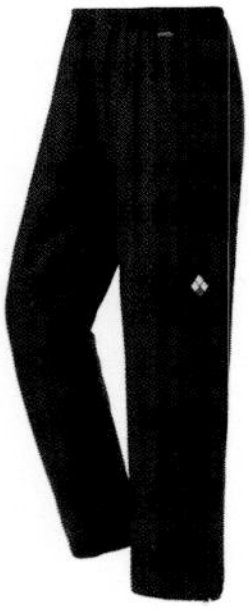

mont-bell
バーサライトパンツ

SPEC
価格（税込） ¥13,750
重量　110g
素材　ゴアテックス
インフィニアム™
ウインドストッパー®ファブリクス
問い合わせ　モンベル・カスタマー・サービス

バーサライトジャケットとセットアップになるパンツ。裾が大きく開くボトムジッパー仕様なので、ブーツを履いたままでもパンツの内側を汚すことなく素早く着用できる。

愛読者カード

本のタイトル

お買い求めになった動機は何ですか？（複数回答可）

1．タイトルにひかれて　2．デザインが気に入ったから
3．内容が良さそうだから　4．人にすすめられて
5．新聞・雑誌の広告で（掲載紙誌名　）
6．その他（　）

表紙　1．良い　2．ふつう　3．良くない
定価　1．安い　2．ふつう　3．高い

最近関心を持っていること、お読みになりたい本は？

本書に対するご意見・ご感想をお聞かせください

ご感想を広告等、書籍のPRに使わせていただいてもよろしいですか？

1．実名で可　2．匿名で可　3．不可

ご協力ありがとうございました。
尚、ご提供いただきました情報は、個人情報を含まない統計的な資料の作成等に使用します。その他の利用について詳しくは、当社ホームページ https://publications.asahi.com/company/privacy/ をご覧下さい。

郵便はがき

104-8011

おそれいりますが
切手をお貼り
下さい

東京都中央区築地
5−3−2

株式会社
朝日新聞出版
生活・文化編集部 行

ご住所　〒 電話　（　　　）		
ふりがな お名前		
Eメールアドレス		
ご職業	年齢 歳	性別

このたびは本書をご購読いただきありがとうございます。
今後の企画の参考にさせていただきますので、ご記入のうえ、ご返送下さい。
お送りいただいた方の中から抽選で毎月10名様に図書カードを差し上げます。
当選の発表は、発送をもってかえさせていただきます。

TOOL.8

Chair

チェア

軽量チェアなら持参しても
負担は少ない。

軽量キャンプにチェアは必要か?

かさばるチェアはバックパックへの収納が難しいが、小さく収納できるなら負担は少ない。たかにぃはHelinoxグラウンドチェアを愛用。ローテーブルや焚き火台に合う座面の低さがお気に入りだ。

Helinox
グラウンドチェア

SPEC
価格(税込)　¥15,950
収納サイズ　30×11×11cm
重量　640g
問い合わせ
モンベル・カスタマー・サービス

Helinoxが展開するチェアの中で最も低い座面高のグラウンドチェア。座った際に無理のない姿勢が保てるようにとシートが深めに設計されており、座椅子感覚で快適にくつろぐことができる。収納時のコンパクトさは言わずもがな。

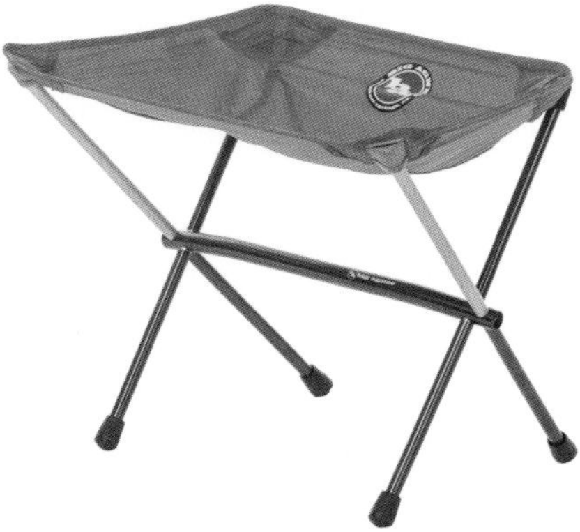

BIG AGNES
スカイライン UL スツール

SPEC
価格（税込）　¥15,400
収納サイズ　9×30cm
重量　539g
問い合わせ　ケンコー社

お尻が包み込まれるように、すっぽりとはまる座面のデザインがユニークなスツール。組み立てが簡単で、絶妙な高さもあり背もたれなしで快適に座ることができる。少し不安定な地面でも安定して置けるのが嬉しい。

Helinox
チェアゼロ

SPEC
価格（税込）　¥17,380
収納サイズ　10×10×35cm
重量　510g
問い合わせ　モンベル・カスタマー・サービス

軽量チェアの先駆けとしてその地位を確立したHelinoxの定番チェアワンを徹底的に軽量化させた一脚。ポリエステルリップストップを座面に採用し、フレームポールを薄くすることでペットボトルよりも軽量になった。

KiU
アウトドア トライポッドスツール

SPEC
価格（税込）　¥3,300
収納サイズ　27.5cm
重量　280g
問い合わせ　KiU

座面に撥水加工が施されたコンパクトな三脚スツール。開くだけですぐに使える手軽さはもちろん、KiUらしいカラフルなパターンを使った座面展開は、キャンプだけでなく音楽フェスなどで持ち運ぶ際も見栄え十分。

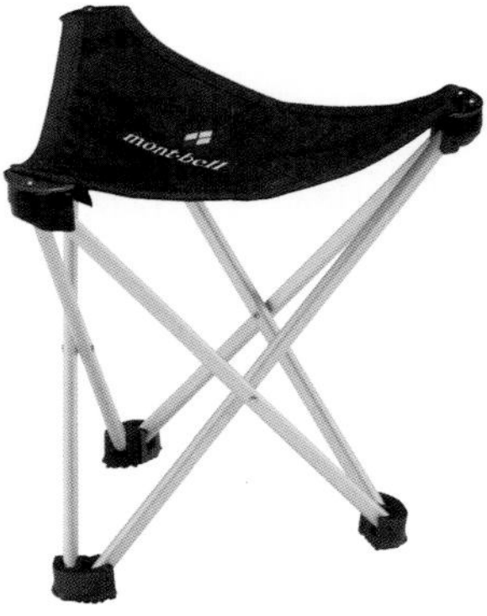

mont-bell
L.W.トレールチェア 26

SPEC

価格（税込） ¥2,860
収納サイズ φ7.5×34cm
重量 363g
問い合わせ モンベル・カスタマー・サービス

ワンタッチで設置できる組み立て不要のスツール。バックパックのサイドポケットにも収まる収納サイズながら、三角形の座面は安定した座り心地。焚き火にピッタリの高さで、サブチェアとして1脚あると何かと便利。

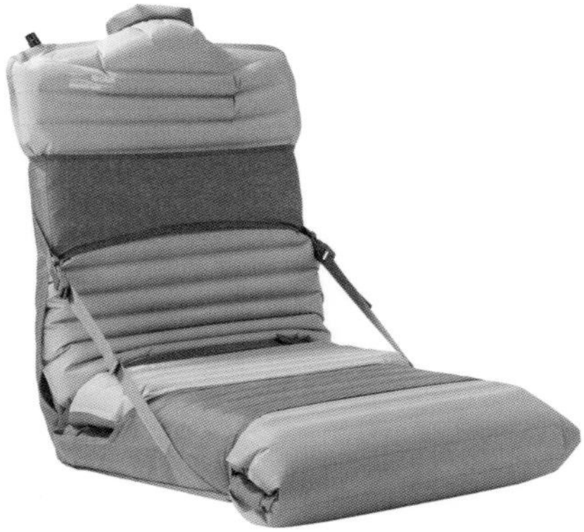

Therm-a-Rest
トレッカーチェア 20/25インチ

SPEC

価格（税込） 20/¥9,900、25/¥11,000
収納サイズ 20/W51cm、25/W64cm
重量 20/290g、25/365g
問い合わせ モチヅキ

マットを差し込んで座椅子にトランスフォームさせるための専用スリーブ。エアータイプのほか、ウレタン素材のマットでも幅さえ合えば使用可能。本体を丸めて持ち運べるので、荷物が増えないのも嬉しいポイント。

Therm-a-Rest
Z シートソル

SPEC

価格（税込） ¥5,170
収納サイズ W33cm
重量 60g
問い合わせ モチヅキ

Therm-a-Restを代表するクローズドセルの座布団。耐熱性に優れ、地面の冷えから設置面を守ってくれるので寒い時期のお座敷スタイルキャンプに最適。アコーディオン状に折りたためる収納性も文句なし。

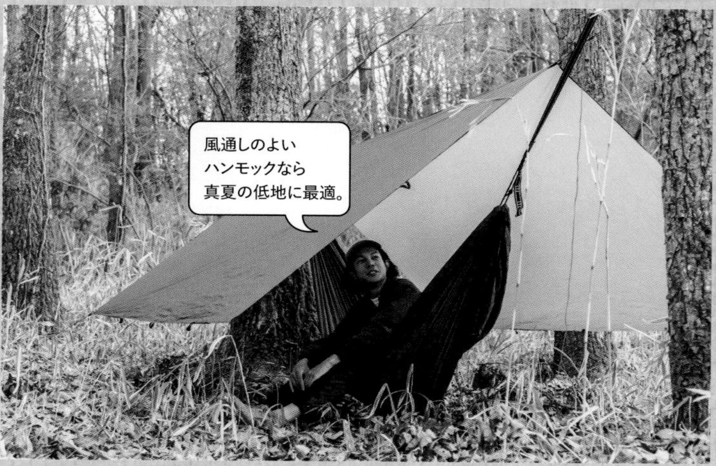
風通しのよい
ハンモックなら
真夏の低地に最適。

ハンモック泊のすすめ。

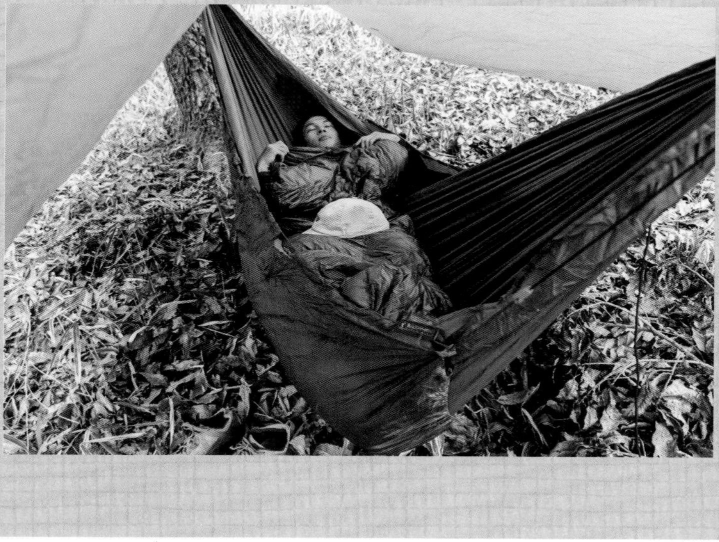

POINT.1

ストラップ幅は最低2.5cm以上。

環境保護団体「Leave No Trace」では、木にストラップをかける際は、木を傷めないように最低でも幅2.5cm以上のストラップを使うよう奨励している。

POINT.2

快適な寝方は人それぞれ。

ハンモックに対して斜めの体勢になり、腰を曲げずに平らで寝る方法が一般的だが、好んで腰を曲げて寝る人もいる。快適な寝方は人それぞれだ。

テント泊よりも収納しやすく、開放感を味わえるのがタープ泊やハンモック泊。〝泊〟というからには、中で寝ることまで想定した張り方を意識すべきで、ここでは昨今人気が高まっているハンモック泊の基礎知識を解説する。

当然だがしっかりとした樹木が生えている場所でないとハンモックはできない。最適な樹木2本の間隔（約3ｍほど）を見定めるためには、ある程度の慣れが必要になってくることがまずひとつ。

また、ハンモック泊は夜露対策、プライバシーの保護のためにタープを併用することがほとんど。夏場であれば、風通しの良いハンモックの材質だけで十分気持ち良く寝られるが、寒い季節（個人差はあるが25〜20℃以下）になるとマットを敷いてシュラフを使うか、またはアンダーキルトと呼ばれるハンモックの下を保温するアイテムを重ねて、さらにトップキルトで上をカバーするなどのブーストが必要になってくる。

寝方は、斜めの態勢を取るのが一般的だが、人により好みは様々。材質によっても寝心地は変わるので、自分にとってベストなハンモックを探すのも楽しみのひとつだろう。

ハンモックによって寝心地は異なる。自分にとってベストなものを見つけよう。

POINT.3

マットを使う場合。

寒い季節になってきたら、ハンモック内にクローズドセルマットを敷き、その上からシュラフを使用する。テント泊で使っているものをそのまま使用可能。

POINT.4

アンダーキルトを使う場合。

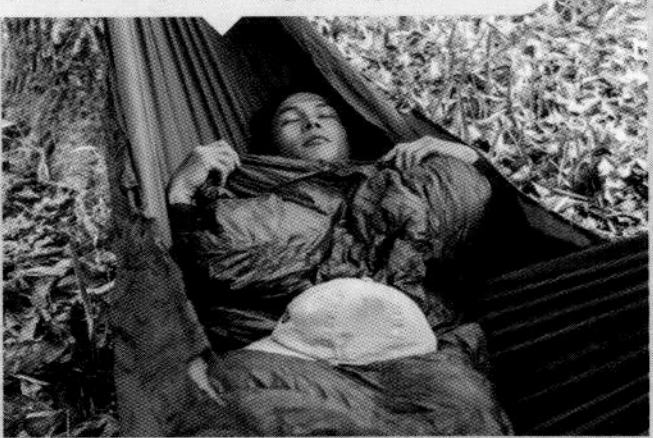

アンダーキルトはトップキルトと併用するのがオススメ。ハンモックの下にアンダーキルトを付け、トップキルトは敷布団のようにかける。これで防寒対策は完璧だ。

HAMMOCK CAMPER

中禅寺湖畔で ハンモックとパックラフトを 楽しむ旅キャンプ。

ワンコさん／レイズモア代表

ゆらゆらと揺れる浮遊感が心地良く
憧れる人も多いハンモック。
これひとつあればテントやマットは不要で
ギアの軽量化も図れるから一石二鳥だ。
「虫の多い季節は特にハンモックが快適」と話す
ワンコさんはパックラフトも携行し
キャンプを冒険のように楽しんでいる。

PROFILE

2020年にガレージブランドLEISMORを設立。ブランド名の由来は「少ないほうが豊かである」を意味する“Less is More”から。軽量かつミニマルなデザインの高機能ギアを開発する。

キャンプ場付近までのバスの運行は、1時間に2～3本しかないことも多いが、急ぐ必要はないのでのんびり向かう。

軽量性と快適性を
兼ね備えた
ザックが好き。

35

移動

電車とバスを乗り継いで。これも旅の味わい。

すべてのギアをザックに収納し、バスや電車を乗り継いでキャンプ地へ赴くワンコさん。自家用車を利用することもあるが、この移動手段が気に入っているそうだ。

「バスや電車で移動していると気になる場所が目に留まりやすくなり、風まかせの寄り道ができる。キャンプ場への道中が旅となって、キャンプ以外の楽しみが増えるんです。中禅寺湖は毎年3回くらい、涼しさを求めて来ています」。

登山も趣味に持つワンコさんは、道中に登りやすい低めの山やハイキングコースを見つけると、2～3時間の道草をする。あまり計画的な予定を立てないのも、キャンプを旅として楽しむ秘訣だとか。

バスや電車の待ち時間によってゆとりが生まれ、車移動では見逃しがちな景色を味わう。家とキャンプ場を点ではなく線で繋ぎ、移動をもアクティビティに変えるのだ。

パックラフトをボトムに装着し荷物をひとまとめ。パックラフトを持っていく際は疲れないように、フレーム付きバックパックを選択。

装備&収納

外付けを存分に活用した
ハンモック&パックラフト装備。

バックパックの容量は45L。ここに衣食住、パックラフトのすべてを収納。「容量の大きい60Lのバックパックや、もっと軽い35Lのフレームレスバックパックもあります。装備との兼ね合いで最適なザックを選んでいます」。

装備品一覧

❶【クッカー】JINDAIJI MOUNTAIN WORKSヒルビリーポット550
❷【グローブ】mont-bellノーメックスグローブ
❸【小物入れ】Mountain Laurel Designs DCF ステイクサック(ペグ)
❹【ランタン】TONARI Designsランプシェルター(Goal Zero装着)
❺【クーラーバッグ】IT'S ALL LIGHT! クールポーチ(飲料)
❻【小物入れ】Mountain Maniaスタッフサック(コーヒーやナイフなど)
❼【パックラフト】FRONTIER WW-255
❽【ハンモック】Hennessy Hammockハイパーライトzip
❾【グラウンドシート】ULTRAHEAVYタイベック#3
❿【水筒】LE GRAND TETRASヴィンテージ1/2L
⓫【ランタンハンガー】LEISMORバックパッカーズランタンスタンド
⓬【テーブル】Sola Titanium Gearスーパーテーブル#1
⓭【サンダル】XEROSHOESアクラクラウド
⓮【ウッドストーブ】CGKシンストーブ
⓯【小物入れ】HIGH TAIL DESIGNS × 神山隆二DCFショッピングバッグ(食料)
⓰【パドル】FRONTIERカーボンシャフト/ナイロンブレードパドル
⓱【トップキルト】UGQ Outdoorバンディット
⓲【バックパック】EXPEDライトニング45
⓳【アンダーキルト】OUTDOOR VITALS ストームロフト ダウン アンダーキルト
⓴【チェア】Helinoxグラウンドチェア
㉑【ライフジャケット】mont-bellアクアバット

ベースウェイト 13kg

収納術 ①

サイドポケットに無駄のない収納を。

パックラフトのパドルはサイドポケットに。4分割できるので、ちょうどよい長さで収まる。柄に巻いているのはタイベック素材のグラウンドシートですぐ広げられる。

収納術 ②

パックラフトを持ち運びやすい工夫。

パックラフトはメインコンパートメントに収納できないため、ボトムのループにストラップを取り付け、パックラフトを装着できるようカスタマイズを施している。

収納術 ③

ひとつでマルチに活躍する。

クッカーは手ぬぐいで包む。「CAMPたかにぃの手ぬぐいを正方形にカットして収納袋として。拭いたり、熱いものを掴んだり、何役にも活躍してくれて便利」。

収納術 ④

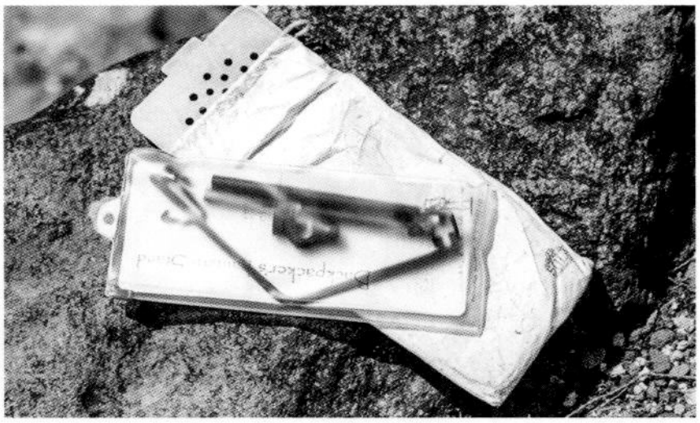

テーブルと一緒に収納できるように。

LEISMORのバックパッカーズランタンスタンドは、テーブルのスタッフサックにまとめて収納できるサイズで設計。SOTOフィールドホッパーなどにも対応。

収納術 ⑤

食料はダイニーマ®素材のバッグに。

基本的に食料は道すがらのコンビニで調達し、ダイニーマ®のショッピングバッグに入れている。暑い時季にはクーラーバッグを使用して、要冷蔵の食料を持ち運ぶ。

収納術 ⑥

水濡れを防ぎつつ、ボトムを成形。

ハンモック用のダウンキルトは、防水透湿性のあるSOLのエスケープヴィヴィに入れて濡れないように。詰め込むとバックパックのボトムを形作り、無駄がない。

キャンプ場によってハンモックの種類を変えているワンコさん。バックパックキャンプでは、軽いモデルをチョイス。Hennessy Hammockはタープ付きで、パドルをポールとして活用している。

サイトレイアウト

トップ&アンダーキルトがあれば
ハンモックは年中快適に過ごせる。

宙に浮くハンモックは底冷えしないか気になるが、ダウンのキルトを付けると快適に過ごせる。「キルトには冬用と春秋用があって、夏は使いません。季節により付けたり外したり。寒さを感じず、気持ち良く寝られます」。

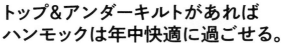

通気性の良いハンモックで快眠するために。

トップとアンダーにダウンのキルトを使えば、シュラフは必要なし。マットも使わないので荷物を減らして軽量化できる。UGQ Outdoorのトップキルトは、長さやダウンのFP、生地やカラーなどを選べるセミオーダー仕様だ。

作りに感服したCGKのウッドストーブ。

枝で暖がとれ調理もできるウッドストーブ。「軽量コンパクトで二次燃焼してゴトクの高さも変えられる。自分もストーブを製作したかったけどこれには適いません」。

不要な部分を削ぎ落としたバンド。

JINDAIJI MOUNTAIN WORKSのクッカーはノーハンドルなので、LEISMORの耐熱バンドを付けて握れるように。グリップ以外を肉抜きしたミニマムデザイン。

座面と背面からの冷気を遮断。

Helinoxのチェアには、友人にオーダーして製作してもらったチェアキルトを装着。「プリマロフトが封入されていて多少濡れても大丈夫。暖かく過ごすことができます」。

テーブルの上を灯す安心感。

4㎜厚までの天板に備え付けられるLEISMORのランタンハンガー。作業が多い卓上に光があると役に立つ。重量はわずか50gと軽量なのでオススメ。

キャンプ飯

UL式で作る
贅沢フレンチランチ。

洗い物を極力減らすため、食事は湯煎など簡単な調理のものに限られるが、手間をかけずに少しでも満足度を高めたいワンコさん。様々な候補があるなかで選んだのは、コンビニで手に入るレトルト食品の傑作。

金のビーフシチュー＆トースト添え

コンビニ飯でも
組み合わせで
ちょっと贅沢感を。

ワンコさんのお気に入りは、セブンプレミアムゴールド。キャンプ場へ向かうセブンイレブンで購入できる手軽さがポイント。この日はビーフシチューと生食パン、さらには赤ワインまでが食卓に並べられた。

❶周囲から枝を集めて火を起こし、沸かしたお湯にレトルト食品を入れて温める。❷ゴミを処理しやすい紙パックのワインもコンビニで購入。ワイングラスは石川県加賀市で作られている山中漆器の木のカップ。❸生食パンはそのまま食べても美味しいが、直火でトーストするひと手間を加え、満足感を高めた。

主な調理道具

- **クッカー**
JINDAIJI MOUNTAIN WORKSヒルビリーポット550
- **保温カバー**
Nrucノワレ
- **ウッドストーブ**
CGKシンストーブ

専用のウエアに着替えることなく、ライフジャケットを装着してサンダルに履き替えただけの手軽さで遊ぶ。

中禅寺湖に来たら
湖上を漂うのが
楽しみなんです！

パックラフト

中禅寺湖で遊び尽くす。

膨らませたパックラフトで湖上を滑る様子は、見ているだけでも爽快。キャンプだけを目的にせず、アクティビティをプラスすれば、より充実した時間と豊かな体験が待っている。

「本当に気持ちいいですよ！湖から見る景色は全然違うし、道がない浜辺に行くことだってできるんです。そこにコーヒーセットを持って行って、ゆったりと過ごす時間が最高。早朝に男体山から昇る朝日を拝むのも、中禅寺湖の楽しみにしています」

キャンプ中にできる遊びとしてパックラフトを始めたが、すっかり魅了され、最近は川下りも始めたそうだ。この日使っていた軽量モデル以外に、急流を下ることができる頑丈なモデルも手に入れた。キャンプを起点に、パックラフトやハイキングといった趣味の幅を広げたワンコさんは、遊び上手なキャンパーだ。

1

2

3

1 大方を電動ポンプで膨らませたら、最後は口から空気を補填。生地が張って硬くなったら準備完了。 2 サンダルはXEROSHOESのアクアクラウド。履き心地は素足に近く、水辺でもグリップ力を発揮するソールを採用。 3 パックラフトを担いで、いざ湖上へ。入湖しやすい場所にサイトを確保していた。

上高地ハイクから林間サイトでハンモック泊。

野沢ともみさん／アウトドアライター・デザイナー

ハンモック泊が大好きで、コレクターでもある野沢さん。この日は、上高地でのハイクを楽しみつつ、美味しいイワナの塩焼き定食を堪能してから平湯キャンプ場の林間サイトでハンモック泊。ハンモック文化がもっと日本に根付いてほしい——。そんな想いを胸に秘めた小旅行。

PROFILE

元々オートキャンプ派だったが、2018年頃からハイクを始め、荷物もコンパクト化。その過程でハンモックに開眼。今や30種類以上のハンモックを所有するほどのコレクターだ。

平湯バスターミナルから河童橋までバス移動。河童橋から明神まで小一時間ハイクする。目指すは嘉門次小屋。

移動

嘉門次小屋のイワナの塩焼き定食が食べたくて。

初めてバックパックを担いだのは上高地・河童橋から明神までの軽ハイク。バックパックは70L。軽い道具を選んだつもりだったが重量17kg。「10分で歩けなくなりました（笑）」という苦い思い出だ。

それを機に荷物のコンパクト化に努めた野沢さん。まずはバックパックを小さくして収納量を限定。軽量な道具は値が張るため、すべてのかさを小さくすることから始めた。「だから私の道具は何でもミニチュアサイズなんです」。

コンパクト化の過程でハンモックの魅力に開眼し、やがて25～30Lザックにすべて収まるようになった。小柄な女性は担げる重量にハンデはあるが、小さい道具を器用に扱える利点もあると野沢さん。

この日は前回と同じコースを数年ぶりに。明神でイワナの塩焼き定食を味わって、上高地の荘厳な景色を楽しみながら平湯キャンプ場へ。

目的は明神にある嘉門次小屋のイワナの塩焼き定食。頭から丸ごと食べられるイワナの塩焼きは絶品。初めて上高地でハイクをしたとき、この定食を食べて感動した野沢さんは、今回再び舌鼓を打った。帰り道は行きとは別のルートで。往来で別の景色を堪能するのも楽しい。

装備&収納

かさは極力小さく。
ミニチュアな道具選び。

野沢さんのバックパックは25～30L容量に外付けポケットを搭載したもの。「贅沢品も持っていきたいので」と紅茶セットや羽釜を持参しても収納できるのは、すべてにおいてかさが小さいもの選びをしているから。

装備品一覧

❶【防寒着】Patagonia R1テックフェイス・ジャケット
❷【トレッキングポール】Black Diamondトレイル
❸【トップキルト】UGQ Outdoorバンディット
❹【アンダーキルト】日本のハンモックビルダーにオーダーメイド
❺【ハンモック+ストラップ】Dutch Ware
ハンモック：カメレオン、
ストラップ：ビートルバックルサスペンション
❻【タープ】KAMMOKクーリーUL
❼【皿】KUPILKAクピルカ14
❽【テーブル】LEISMORスカイライトテーブル
❾【羽釜】砺波商店 ご飯釜ミニ
❿【ランタンハンガー】LEISMORバックパッカーズランタンスタンド ペグタイプ
⓫【バックパック】OGAWANDアクペリエンス
⓬【ハンモック用サドルバッグ】Simply Light Designsサンセットサドルバッグ
⓭【小物入れ】AXESQUIN巾着ヌノバケツ（バーナーなど小物類）
⓮【焚き火リフレクター】UNROOF cabinリフレクタータープ
⓯【焚き火台】PAAGOWORKSニンジャファイヤースタンドソロ
⓰【小物入れ】naheジェネラルパーパスケース A7（お風呂セット）
⓱【ランタン】Goal Zero（シェードはてつおファクトリー）
⓲【グローブ】GRIP SWANY G-1
⓳【ウォーターボトル】SPURCYCLEキャッチアップウォーターボトル
⓴【小物入れ】luettbidenシェフバッグ（調味料関連）
㉑【レインウエア】OUTDOOR RESEARCHヘリウムIIジャケット
㉒【保冷バッグ】BIGSKYインシュライトポーチ

ベースウェイト 8.5kg

収納術 ①

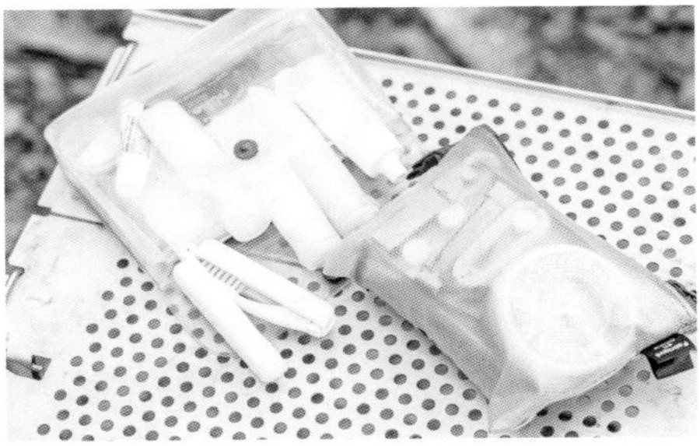

ミニチュアでもギリギリ実用性のあるもの。

使えないミニチュアでは意味がない。左写真はトングやまな板、シェラカップすべてがミニサイズ。ほりにしのスパイスまで小さいのには恐れ入る。右写真はファーストエイドキットやお風呂セット。歯ブラシも極力かさが小さいものを。

収納術 ②

バックパックには外付けポケットを搭載。

小柄な女性には嬉しい幅の広いハーネスサイズを展開しているOGAWANDのバックパック。Backcountry Geekers Equipmentのポケットを後付けして収納力を高めた。

収納術 ③

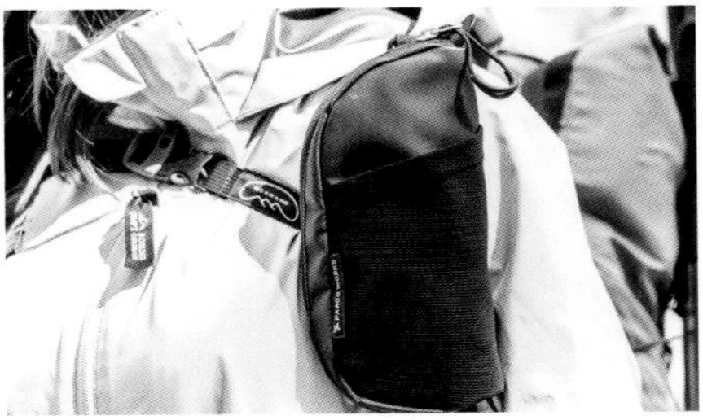

ショルダーポーチには使う頻度の高いものを。

バックパックのショルダーハーネスに搭載したポーチはPAAGOWORKSのスナップ。ベルクロ式なので装着も簡単。財布や飴、スマホなどを収納。

収納術 ④

カップは軽量でスタッキングができるもの。

折りたたみハンドルのbelmontチタン製シェラカップは、DUCKNOTシェラスタの木製カップにピッタリと重ねられる。どちらも軽量で使い勝手抜群。

収納術 ⑤

レギュラーアイテムは巾着ヌノバケツの中に。

GRiPS別注のAXESQUIN巾着ヌノバケツには、毎回必ず持っていく道具一式をまとめて収納している。ザックの底に合わせたサイズなのでちょうど収まるのも嬉しい。

タープはKAMMOKのクーリーUL。就寝時はキルトも使用。アンダーキルトは日本のハンモックビルダーにオーダーした桜ピンクの生地。トップキルトもUGQ Outdoorでカスタムオーダー。

サイトレイアウト

理想的なハンモックは包まれるように柔らかい寝心地のもの。

野沢さんが考える理想のハンモックは包まれるような柔らかい寝心地。様々なハンモックを試した結果、一番のお気に入りがDutch Wareカメレオンだ。「独自の生地を使っていて、肌触りもシルキーで気持ち良いです」。

靴箱付きなので就寝時はシューズを中に。

Dutch Wareのカメレオンはシューズを収納できるポケット「サイドカー」のオプション付き。「靴を地面に置きっぱなしにしていると虫たちの餌食になるので」。

手の届く位置にサドルバッグをセット。

ハンモックの端にSimply Light Designsのサンセットサドルバッグをセットして調理道具の収納スペースに。ハンモックに座ったままアクセスできるのが便利。

カーボン製のランタンスタンドも重宝。

LEISMORのバックパッカーズランタンスタンド ペグタイプ。トップにはGoal ZeroのLEDランタンを装着。同ブランドのスカイライトテーブルと併せて使用する。

ハンモックに座ってちょうどよい高さのテーブル。

ULなモノ作りに定評があるLEISMORのスカイライトテーブル。Snow Peakのオゼンライトに装着できるチタン脚で、ハンモックに腰かけた際の高さがドンピシャ。

ハンモック愛はこんなところにも。

ジャケットを脱げばTシャツには「Hammock Nerd」のロゴが。ハンモック好きが運営している海外サイトから購入。「私の勝負服（笑）。もっと広まってほしいので」。

ピザ釜にもなる焚き火台と聞いて。

焚き火台の火床の下がピザ釜になることを知って購入したPAAGOWORKSのニンジャファイヤースタンドソロ。メッシュの網目が細かく、灰が落ちないのも優秀。

キャンプ飯

ミニ釜めしに
上高地のお土産を添えて。

最近、凝っているのが釜で作る炊き込みご飯。「何を入れても美味しくなるはず！」とこの日は焼き鳥缶をまるごと入れて炊き込む。さらに上高地で購入した土産ものの肉盛り、サラダを添えて贅沢なキャンプ飯に。

ミニ釜めしと肉盛り＆サラダ

軽量キャンプ的にはかさばるが、「美味しく感じられるので」とあえて羽釜をチョイス。上高地・河童橋で購入した信州産地鶏のスモークなど、旅のお土産をサイドディッシュにするのが野沢さんのお決まりだ。

❶炊けるのが早くフッ素加工で拭くのもラクチンな砺波商店のご飯釜ミニ（0.5合用）を使用。水の量は90mlくらい。❷焼き鳥の缶詰をまるごと投入。水煮のコーンに塩と砂糖、醤油を適量。最後にネギを添えて出来上がり。❸上高地ハイクで購入した旅のお土産を添えて。肉盛りとサラダで贅沢ごはんに！

主な調理道具

・羽釜
砺波商店 ご飯釜ミニ

・皿
KUPILKAクピルカ14

・バーナー
SOTOウインドマスター

・サラダボウル
DUCKNOTシェラスタ

ハンモックに揺られてリラックス。座るも寝るもハンモックにいながら完結できてしまうため、「ハンモックズって呼んでください」とサナギのように包まる野沢さん。

実際、ハンモックはテントと比べて圧倒的に楽。すぐ張ることができるし、くつろぐ時間を最大限に使える。片付けだって簡単。とはいえハンモック泊が日本で浸透しているかといえば、そうではない。

「もっとハンモック文化が広まってほしいんですよ」。

そんな切なる思いを語る野沢さんは、現在30種類以上のハンモックを所有。モデルによって寝心地、サイズ感はまるで異なり、気分や目的に合わせて使い分けるのも楽しい。

「結局、気に入っているDutch Wareのカメレオンばかり使ってますけどね（笑）」。

食事のあとは、ちょっとお休みタイム。ハンモックは寝るのにも座るのにも使える。チェアが要らないのでバックパックの軽量化にも繋がるのだ。

ハンモック

もっとハンモックの文化が広まってほしい。

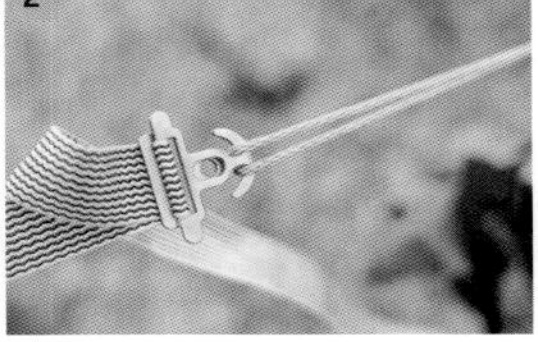

1 Dutch Wareのストラップは12ftで一般的なものよりも長め。無段階調整で長い距離間でも使用可能。2 T字フックで簡単に本体と装着。ちなみに環境保護団体Leave No Traceでは2.5cm幅以上のストラップを推奨。「樹木医に尋ねても正しいストラップの付け方なら木が病気になった例はないとのこと。養生問題は正しく広まってほしいと思います」。

5人の軽量キャンパーに聞いた

バッグの中身をすべて見せてください！

色々なスタイルを楽しんでいる軽量キャンプの達人5人に、
それぞれのこだわりの装備を見せてもらった。

What's 1 in Your Bag?

Profile
自転車キャンパー
そろーさん
「自転車キャンパーそろー」名義でYouTubeなどで情報発信。自由な発想で生み出すアウトドアブランドMOFMAを主宰し、2022年に発表した焚き火台ユークリッドが話題に。

厳選最小限の装備を積んで軽やかに自走キャンプ。

かつては、多くのキャンパーと同様にオートキャンプをメインに楽しんでいたというそろーさん。だがある日、通勤ラッシュが苦痛過ぎることから、ふと思い立ち自転車通勤を始めてからは、自転車の快適さに開眼。キャンプの移動にも自転車を使うようになった。

道具選びの基準も変わった。自走で移動するのに荷物が重いと非常につらいため、本当に必要なものだけを厳選して携行するようになると、結果的に設営するのも楽、帰ってきてからの後片付けも楽になることに気付く。

「しかも自転車の場合は、移動そのものがアクティビティなので、家を出てから帰宅するまで、すべてを旅として楽しめる点も気に入っています」とそろーさん。

登り坂が続くときはつらいものだが、おかげで筋力や持久力など体力もアップ。代謝も上がって、引き締まった身体作りにも繋がった。

「キャンプ場に着くまでに、目いっぱい身体を動かしますしね。ただでさえ野外で食べると美味しいキャンプ飯が、よりいっそう美味しく味わえますから最高ですよ！」。

Name

Thoreau's Gear

装備品一覧

❶【パニアバッグ】BROOKSスケープラージパニア
❷【フロントバッグ】ULTRA ROMANCEファビオズチェストS
❸【マット】ZEROGRAMトレイルバディスリーピングパッド
❹【クックセット】EVERNEW Tiストレージポット560ほか
❺【焚き火台】MOFMAユークリッド
❻【焚き火シート】ノーブランド（その上はSOTOガストーチ）
❼【調理道具】極SONS COCOpan、リフター、調味料ほか
❽【クーラーバッグ】ISUKAコンパクトクーラーバッグ
❾【保冷バッグ】BIGSKYインシュライトポーチ
❿【クーラーバッグ】ISUKAコンパクトクーラーバッグ
⓫【チェア】Helinoxグラウンドチェア
⓬【テーブル】MOFMAピルグリムテーブル
⓭【ボトル】nalgene広口1.0L
⓮【ボトル】HYDRO FLASKハイドレーション20ozワイドマウス
⓯【ボトル】trangiaフューエルボトル
⓰【皿】Fozzilsスナップフォールドシリーズ
⓱【ライト】CLAYMOREウルトラミニ
⓲【ヘッドライト】BioLite
⓳【シート】minimalize gears "HAPPY TRAIL" MINIタイベック
⓴【シュラフ】AEGISMAXウィンドハードタイニー
㉑【テント】ZEROGRAMエルチャルテン1.5P
㉒【小物入れ】SEA TO SUMMITドライサック8L（着替え）
㉓【小物入れ】SEA TO SUMMITドライサック3L（レインウエア）
㉔【小物入れ】MYSTERY RANCHゾイドバッグ
（エマージェンシーキットなど）
㉕【ランタン】Goal Zero、MORAKNIVなど

ベースウェイト 8.3kg

What's 2 in Your Bag?

近場でカジュアルに野宿スタイルを楽しむ。

Profile

美容師／**森猿**さん

ULキャンパーとして知られる登録者数1万人超えのYouTurber。アウトドアのガレージブランドBELKROOTの立ち上げにも関わってきたが、本職は美容師。

以前はUL系のテントを背負って、本格的な登山をしていた森猿さん。富士山以外の日本の主要な山岳はほとんど制覇しているほどの経験値を積んできたが、ここしばらくは、もっぱら“夜に家を出て、朝には撤収して帰る”ようなお手軽キャンプがお気に入りのスタイルになっているそうだ。

仕事終わりに、最近乗り始めた大型バイクにまたがりツーリングも兼ねて向かうその先は、「整備されたキャンプ場ではなく、人工物がまったく見えないような大自然の中が好きなんです。ソロのときには、静かな森の中で“野外一人居酒屋”的に焚き火と野宿を楽しんでいます」。

そんなスタイルの変化は道具選びにも表れているようだ。これまではULテントや軍幕なども使ってきたが、最近はBUNDOKのソロドームがお気に入り。リーズナブルなので、焚き火の火の粉が飛んでもまったく気にならない点が良いのだとか。そしてBELKROOTの軽量焚き火台en.とUNROOF cabinのリフレクタープの組み合わせで、焚き火をじっくりと堪能している。

Name

Morizaru's Gear

装備品一覧

❶【シュラフ】NANGAオーロラライト600DX
❷【バーナー】FORE WINDS
マイクロキャンプストーブFW-MS01
❸【グラウンドシート】
GRABBERオールウェザーブランケット(半分)
❹【グローブ】GRIP SWANY
❺【ペグ】チタンペグ24cm
❻【バックパック】Snugpakバックパック40L
❼【テント】BUNDOKソロドーム
❽【マット】Therm-a-Restネオエアー Xライト
❾【シート】minimalize gears “HAPPY TRAIL”
MINIタイベック
❿【ライト】Goal Zeroライトハウスマイクロフラッシュ
⓫【クッカー】EVERNEW U.L.ウルトラライトパン#16
⓬【焚き火台】BELKROOT en.
⓭【ナイフ】HELLEディディガルガル
⓮【ケトル】EAGLE Productsキャンプファイヤーケトル
⓯【風防】UNROOF cabinリフレクタープ

ベースウェイト 10kg

What's
3
in Your Bag?

車では行きにくい野営地で自由気ままにタープ泊。

Profile
会社員
つくもニキさん
2018年にファミリーキャンプを始め、2020年からソロキャンプをスタート。最近はキャンプで学んだギアセレクトを生かしてトレッキングも開始。縦走テント泊にも興味津々。

電車を乗り継ぎ、直火で焚き火ができるキャンプ場や野営地へと足を運ぶつくもニキさん。「場所は限られますが、車を停めておけない野営地も候補に入れられるので、この移動手段が最適」。

ソロで野営を始めた当初はファミリーキャンプ用ギアを流用していたので、50Lのバックパックにも入り切らないほどの大荷物だったが徐々に軽量化。それは、あるアイテムの功績が大きいそうだ。

「必ず持って行くのは温度計。当日の気温を記録に残し、次のキャンプで防寒具を強化したり、荷物を減らしたり。余計な荷物を持って行かないようにしています」。

そのおかげもあって、つくもニキさんのギアに無駄なものはない。とはいえストイックに軽量化をすることはなく、コットン素材のオーガナイザーなどのギアもセレクト。多少の荷重には目をつぶり、自分らしいスタイルを楽しんでいる。

外と隔たりがないタープ泊は直接肌で自然と触れ合える。枝を集めて火を起こし、ゆらぐ炎を見つめて夜を明かす。荷物が少ないからこそ感じられる豊かさを堪能している。

Name

Tsukumo Niki's Gear

装備品一覧

❶【マット】NEMOスイッチバックレギュラー
❷【シート】HIIRAGI OUTFITTERS 3ウェイキャンプシート
❸【グラウンドシート】農業用ポリフィルム0.05mm厚
❹【オーガナイザー】Field Tools LUDENSグランドクロス
❺【小物入れ】LAST FRONTIER DESIGN
ウルトラライトスクエアサック4L
❻【バックパック】The Hidden Woodsmenデイラック
❼【クーラーバッグ】ISUKAコンパクトクーラーバッグS
❽【シュラフ】Highland Designsダウンバッグ
（4thエディション）
❾【タープ】HIIRAGI OUTFITTERSデイトリップタープ
❿【小物入れ】HIIRAGI OUTFITTERS RSNスタッフサックS
（ペグ、ガイロープ）
⓫【火鋏】belmont UL Hibasami
⓬【ナイフ】MORAKNIVウッドカービングベーシック
⓭【のこぎり】アルスコーポレーション花小町
⓮【手斧】GRANSFORS BRUKアウトドアアックス
⓯【小物入れ】紀ノ国屋スライドジッパーバッグS
（エマージェンシーキット）
⓰【ライト】Goal Zero、
Bush Craft Inc.ブッシュライトポーチ
⓱【浄水器】Sawyer ミニ、
CNOCヴェクト2Lウォーターコンテナ
⓲【グローブ】GRIP SWANY
⓳【小物入れ】HIIRAGI OUTFITTERS RSN
スタッフサックSS（焚き火ギア、温度計）
⓴【ハンドル】trangiaミニハンドル
㉑【カトラリー】Tritensilミニ
㉒【スプレー】キッチンクリーナー
㉓【アルコールストーブ】River Side Rambler RSRストーブ
㉔【マグカップ】WILDOフォールダーカップ
㉕【バーナー】SOTOマイクロトーチ
㉖【風防】野鋭具兵学校 風火蔵
㉗【燃料ボトル】SHINRYOメジャーカップPPボトル
㉘【クッカー】蓋：UNIFLAMEシェラリッド300チタン
本体：EVERNEW Ti570カップ
㉙【クッカー】trangiaミニセット

ベースウェイト 5.7kg

What's 4 in Your Bag?

軽いだけじゃなく快適なキャンプにしたい。

Profile
会社員
はるかさん

軽量キャンプにハマって約2年。月2回ほどのペースでキャンプや登山をするほか、たまの長期休暇には車で遠方まで足をのばし、現地のアウトドアシーンを満喫している。

普段はデスクワーク中心の生活のため、リフレッシュがてらにキャンプを始めたはるかさん。のんびりと大自然を満喫する魅力にどっぷりハマっていったという。1人でもキャンプをするようになり、車でも行ける程度のカジュアルな軽量スタイルを自然と好むようになった。

そんな彼女の道具選びは、「単純に軽いだけではなく、使いやすさというか自分が気持ち良くキャンプができるための道具であることが大事」と語る。

たとえば彼女の焚き火台はそこまで軽くはない。ただ組み立てが不要なので簡単に設置できるのがお気に入り。mont-bellのガベッジバッグもコンパクトなだけでなく、バックパックの外側に付けておけるので使用後の汚れも気にならない。快適に使える機能性があればブランドにもこだわらないのが流儀だ。

「デザインも自分の中では選ぶ基準のひとつです。humangearのカトラリーはコンパクトに折りたためると同時に、見た目も可愛くてテンションが上がります。コンパクトだと使いにくいものも多いですが、これは使いやすくてストレスがありませんね」。

Name

Haruka's Gear

装備品一覧

❶トレッキングポール】Black Diamondウィメンズトレイル
❷【シュラフ】Highland Designsチューブキルト
（袋はSEA TO SUMMIT）
❸【マット】Therm-A-Rest Zライトソル
❹【防寒具】AXESQUINカルフワタオル
❺【サンダル】mont-bellソックオンサンダル
❻【ポット&カップ】EVERNEWチタンマグポット500、
チタンカップGubiGubi
❼【フライパン&カトラリー】EVERNEW ウルトラライトパン#14、
humangear ゴーバイトクリック、mont-bell 箸
❽【バーナー】PRIMUS
エクスプレス・スパイダーストーブII
❾【ウォーターキャリー】CNOCヴェクト2Lウォーターコンテナ
❿【ランタン】Ledlenser ML4ウォームライト
⓫【ヘッドライト】PETZLティカ
⓬【小物入れ】Nruc FA John's Pouch S（エマージェンシーキットなど）
⓭【グラウンドシート】BIG AGNES
⓮【テント】BIG AGNESコッパースプール HV UL1
⓯【バックパック】山と道ミニ2 M 25-35L
⓰【焚き火台】DUCKNOT B.S.T
⓱【調味料入れ】PENCOストレージコンテナ
⓲【テーブル】MINIMALIGHTレベルプレート
⓳【ゴミ袋】mont-bell O.D.ガベッジバッグ
⓴【食料入れ】WEEKEND（ER）タイベックボックスランチクールバッグ
㉑【ピロー】Marmotストラトピロー
㉒【小物入れ】AXESQUINヌノバケツ
㉓【テントポール&ペグ】テントポール：BIG AGNES、ペグ：福善 打刀

ベースウェイト 7kg

What's
5
in Your Bag?

気軽に動ける1人旅が原点。非日常感を楽しむために。

Profile
TTFNバックパックUL
Dさん
YouTube チャンネル「TTFNバックパックUL」を運営。キャンプの原点はふらっと出かける1人旅で、非日常感を味わいたいとの思いから軽量キャンプを楽しんでいる。

北海道出身のDさんは若かりし頃から1人旅が好きで、キャンプスタイルのベースもそこにあるという。
「昔は電車でふらっと1人で旅をして野宿をするような旅を楽しんでいたこともあって、それが今のキャンプにも通じています。やっぱり身軽じゃないと1人旅は楽しめないし、その中でいかに非日常感を味わうかが醍醐味です」。
　そのためのギアは、軽さはもちろん鮮やかなカラーリングを選んでいるのも特徴。
「人けのない場所に行く際は、シンプルに安全面を考えても鮮やかなもののほうが良いですし、色が目立つので地面でもわかりやすく、収納もしやすいです」。ペグにしてもピンクの珍しい配色がお気に入りで、海外のガレージブランド＠Stakesを使用する。
　そんなマニアックなブランドを探すのが大好きで、WAYMARKSのバックパックもアメリカのユタ州にあるガレージブランドだ。「ハンドメイドらしいです。宝探し感覚というか、良いものに巡り合えるとテンションが上がります。国内外のメジャー、ガレージブランド問わずチェックしていますね」。

Name

D's Gear

装備品一覧

❶【テント】CRUX X1 クオーク
❷【ピロー】KLYMIT ピローX
❸【ペグ】@Stakes
❹【グラウンドシート】Alton Goods ウルトラライトグラウンドシート
❺【キルト】ENLIGHTENED EQUIPMENTエニグマ（オーダー品）
❻【手ぬぐい】オリジナル
❼【バーナー】PRIMUS P114 ナノストーブ
❽【クッカー】JINDAIJI MOUNTAIN WORKS ヒルビリーポット350
❾【小物入れ】LFDスクエアサック、Nruc FA John's Pouch S（エマージェンシーキットなど）
❿【小物入れ】Moya mountain lodgeスタッフサックS（ヘッドライト、モバイルバッテリー）
⓫【小物入れ】友人のハンドメイド（歯ブラシなど）
⓬【蚊取り線香ケース】ニベア缶をカスタム
⓭【ランタンポール】EASTONゴールド24ペグ
⓮【バックパック】WAYMARKS EVLV 35L
⓯【保冷バッグ】BIGSKYインシュライトポーチ（カトラリー）
⓰【ボトル】FIJI Water
⓱【お酒】BARTON GIN
⓲【小物入れ】HIGH TAIL DESIGNS Ultralight Pupper Bowl
⓳【テーブル】factory-b LEVEL
⓴【財布、小銭入れ】Hartford Gear Co.
㉑【焚き火台】Picogrill 85
㉒【マット】Puro Monte PMT105
㉓【ティッシュケース】mont-bellトイレタリーティッシュ専用ケース
㉔【シート】The Hidden Woodsmenシグナルパネルフラッグ
㉕【パスケース】Happy Hourスキーリフトパスケース
㉖【小物入れ】PUEBCOランドリーウォッシュバッグ40

ベースウェイト 3.5kg

軽量キャンパーのお役立ちアイテム。

Useful items for lightweight campers

私が愛用している
便利アイテムを
たくさん紹介します！

必要最低限の道具しか持ち歩かないミニマムなキャンプに、ちょっとプラスするだけで大きく充実する便利アイテムがある。ここではそんなお役立ちアイテムを紹介。もちろん軽量・コンパクトを前提にしたモノ選びだ。

1 浄水器 *Water filter*

0.1ミクロンの無数の穴で水を濾過するシンプルな構造ながら、生水に含まれる細菌や微生物、病原体をほぼ完ぺきに除去する。

Category.1

便利グッズ編

Sawyer
マイクロスクィーズフィルターSP2129

SPEC
重量　フィルター約53g
全長　12cm
ろ過能力　38万L+α
最大部分の直径　約4.5cm
問い合わせ　UPI

キャンプ場や野営地の水源や水道水の安全性が不安なときは多々ある。そんなときのために軽量なポータブル浄水器は所持しておきたい。このマイクロスクィーズフィルターは従来のSawyerの浄水器のフィルター能力をそのままにさらに小型化。標準のペットボトルにも装着できる。

キャンプ場の水源が不安なときに。小型で軽量な浄水器。

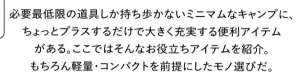

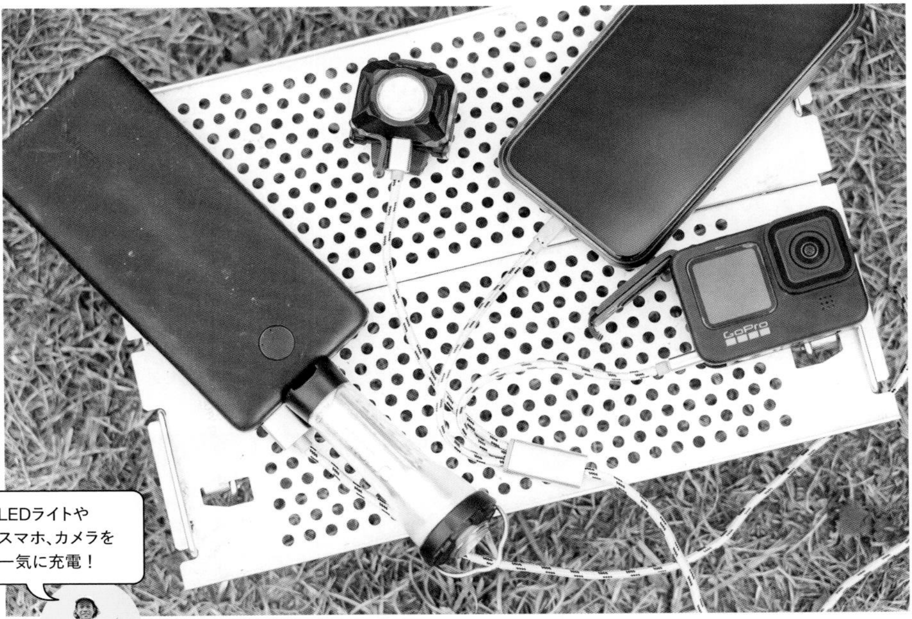

LEDライトや
スマホ、カメラを
一気に充電！

2つのUSB出力ポート搭載で、2台同時に充電が可能。3in1ケーブルがあれば、さらにまとめて充電できるので合わせて入手したい。

2 モバイルバッテリー

Mobile battery

連泊をする際は、モバイルバッテリーが欠かせない。なかでもたくさんの充電を必要とするキャンパーなら大容量のものが欲しい。たかにぃが愛用するこちらは20000mAhの超大容量。iPhone 14を4回以上、Galaxy S22を約3回、iPad mini5を2回以上フル充電が可能。

就寝前、
充電をまとめて
しておきたい派へ。

Anker
パワーコア エッセンシャル20000

SPEC
容量　20000mAh
重量　約343g　サイズ　158×74×19mm

軽作業をスムーズにこなすためにコンパクト系刃物は良いものを使いたい。

3 のこぎり
Saw

OLFA WORKS

替刃式フィールドノコギリFS1

SPEC
重量　134g
ブレード　106mm

「上目」を施した本格目立てでスムーズな切れ味が持ち味のコンパクトなノコギリは、枝木のカットなどに重宝。衝撃焼入により耐久性と靭性を備え、刃先の切れ味が長持ちする。

MORAKNIV

エルドリス ネックナイフキット(S)

SPEC
重量　約80g(ナイフのみ)
ブレード　約59mm
刃厚　約2.0mm
問い合わせ　UPI

コンパクトながら切れ味鋭いナイフ。ブレードは刃こぼれしにくい高品質なスウェーデン産ステンレススチール。湿気や酸化の影響を受けにくい素材で屋外・屋内問わず活躍する。

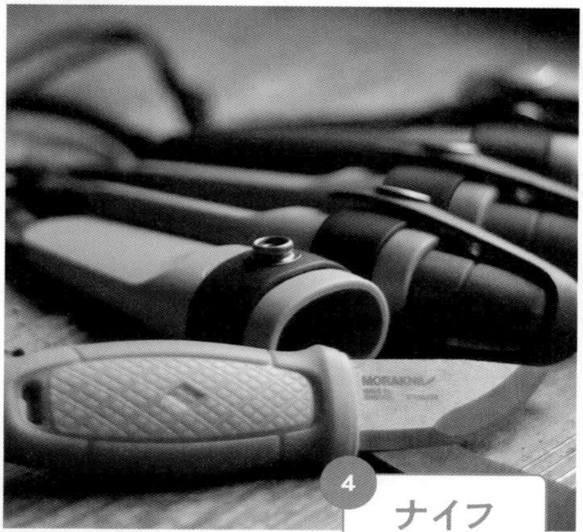

4 ナイフ
Knife

5 ナイフ
Knife

factory-b

肥後守

SPEC
重量　25g
ブレード　55mm
問い合わせ　factory-b

明治27年創業以来、現在まで伝統を受け継いできた永尾かね駒製作所の携帯用ナイフとfactory-bがコラボレート。ブレードはVG-10ステンレス鋼材、ハンドルは純チタン製。

焚き火のある
デイキャンプにも
便利！

6

火消し袋
Charcoal extinguisher

コンパクトな折りたたみが可能でバックパックのポケットにも余裕で収納可能。使用時のサイズと比べれば約1/10まで小さくなる。

薪や炭の燃えカスには微生物がいないため土に埋めても分解されず残り続ける。火消し袋に入れてしっかりと持ち帰ろう。

手のひらサイズになる
携行性に優れた火消し袋。

灰や炭の持ち帰り必須なキャンプ場は多い。そんなときまだ焚き火の熱が残っている炭や薪を収納し、安全に鎮火・持ち運びすることができる収納袋は便利だ。これは従来の火消し壺よりも圧倒的に軽量コンパクト。空気を抜いて密閉して置いておくだけで、炭や薪の鎮火を促してくれる。

ZEN Camps
火消し袋 アッシュキャリーS

SPEC
素材　ガラス繊維
サイズ　24×25cm
重量　410g
耐熱温度　約550°C

7 ランタンスタンド
Lantern stand

Goal Zeroを
吊り下げるのに
最適なスタンド！

ハンモック好きのワンコさん（P126～にも登場！）が手掛けるLEISMORのランタンスタンド。LEDライト専用に作られた超軽量なランタンスタンドで、たかにぃの場合は座面の低いHelinoxのグラウンドチェアに合わせて使っている。

こんなスタンドなら欲しい！ ULキャンパーも大絶賛。

軽量かつミニマル、そしてハイパフォーマンスを発揮するLEISMORのアイテムが、ULキャンパーの間で話題だ。こちらはSnow Peakオゼンライトの天板の穴に装着できる超軽量なランタンスタンド。オゼンライトの好きな穴位置にセット可能。バックパックのポケットに常備したい。

LEISMOR
バックパッカーズランタンスタンド

SPEC
ハンガー素材　ドライカーボン
重量　39g　耐荷重　150g
収納サイズ　27×11×1.8cm
問い合わせ　レイズモア

見た目で判断すべからず。収納サイズと重量は軽量キャンパー向き。

8

ランタンスタンド

Lantern stand

FLYFLYGO

ランタンスタンド

SPEC

収納サイズ　34×10cm
重量　260g

高さ120㎝のランタンスタンドだが、収納サイズは34×10㎝とコンパクト。重量も収納袋込みで300gとかなり軽量な逸品だ。これならバックパックのサイドポケットに外付けして持ち歩きやすい。

10

トライポッド

Tripod

Sitengle

トライポッド

SPEC

収納サイズ　33×7×4cm
重量　550g

ポールを自由に組み合わせられるトライポッドは、4段階に高さを調節可能。使用時サイズは74×106㎝だが、分解すれば約33×7×4㎝。アルミを使用しており軽量性も抜かりなし。

9

ツールハンガー

Tool hanger

Minimal Works

インディアンハンガー

SPEC

収納サイズ　30×4cm(S)
重量　230g(S)

本来テントとタープに使われていたポールをハンガーに活用。アルミで作られたポールは小さく軽いので収納しやすく、組み立て＆解体がとても早い。サイズが豊富なのも嬉しい限り。

Goal Zeroに装着できるランタンシェードはたくさんあるが、軽量キャンパーには不向きなものが多い。これは触った質感は紙に近いものの、特殊不織布のタイベック生地を使用していて超軽量。強度はもちろん防水性にも優れている。

タイベックの軽量シェードは折り紙のような荘厳な佇まい。

重さ3gの軽さを実現した世界最軽量クラスのタイベック素材のランプシェルターは、ULキャンパー界隈で話題持ち切り。折り紙さながらの造形美に、ランプを灯したときに和紙のような質感が浮かび上がる荘厳な佇まい。サイズ的にGoal Zero、Led lenser ML4などが相性良し。

TONARI Designs

ランプシェルター

SPEC

重量　3g
素材　タイベック
サイズ　140mm
収納サイズ　70×70×4mm

磁石付きなのでポールに装着してもいいし、ストラップホルダーが付いているのでランタンハンガーにかけても可愛い。ペグやロープの転倒防止用ペグマーカーとして、あるいはテント内の明かりとしても重宝しそうだ。

ピンポン球サイズの磁石付きLEDライト。

レイルロードランタンでお馴染みのBAREBONESやLEDライトGoal Zeroの創始者、ロバート・ワークマンが立ち上げたブランドNo Boxの小型LEDライトは、ピンポン球サイズの愛くるしさが魅力。スイッチに磁石が内蔵され、コンテナやポールなど様々な箇所に装着が可能。

No Box

ミニグローブライト

SPEC

重量　16g
直径　φ38mm
耐水・防水性　IPX6

※現在は販売しておりません。

Category.2

一石二鳥編

軽量キャンパーのお役立ちアイテム。

軽量化のポイントは道具の多様性にあり。

キャンプ道具のコンパクト化への近道は、
複数の用途に使えるものを選ぶことに尽きる。
ここでは一石二鳥、いや一石三鳥のアイテムも含めて
多様性のあるアウトドアギアを紹介していく。

リアルに
使っている
ものばかり。

13

BIGSKY

インシュライトポーチ

中綿に断熱材のプリマロフト、表生地にはアルミニウムフィルムを貼り、保温・保冷性を高めた超軽量コジー。小さな袋で頼りなさそうに見えるが、これがキャンプ飯だけでなく、色々なシーンで活躍するのだ。

保冷・保温に優れた万能ポーチは、食事以外でも活躍。

真冬はカメラやレンズも
温めておきたい。

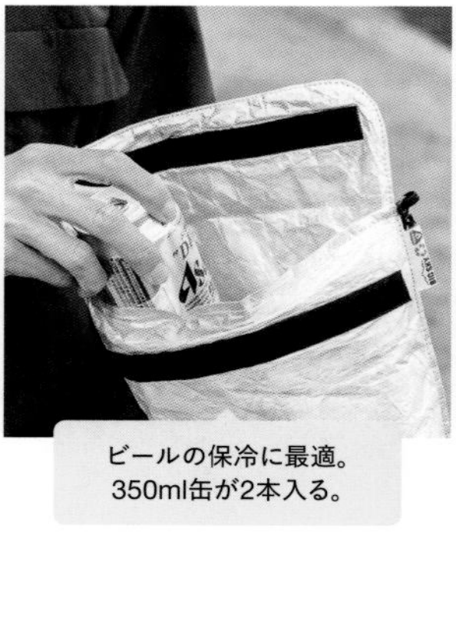

ビールの保冷に最適。
350ml缶が2本入る。

温かさをキープして
アルファ米を食べられる。

14

SOL

エスケープヴィヴィ

問い合わせ　スター商事

独自の透湿性素材を使ってマミータイプの寝袋状に作られたブランケットは、シュラフカバーやインナーシーツとしても使える多様性に優れた逸品。たかにぃはバックパック内の防水強化インナーとしても活用。

透湿性に富んだ
ブランケットは
人もモノも包み込む。

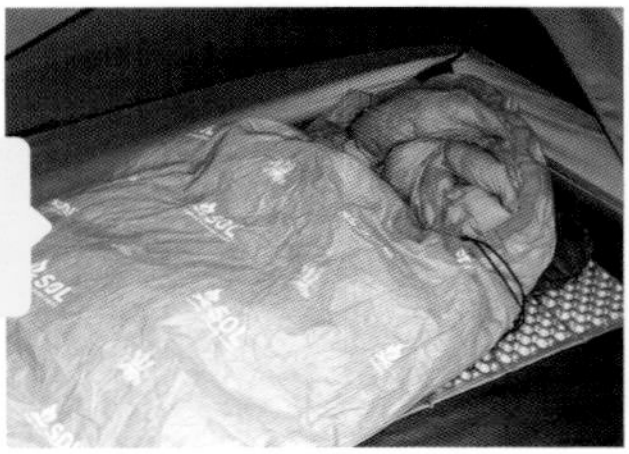

寒さを感じたら
シュラフカバーで
保温ブースト。

バックパック内の
防水強化インナー
としても重宝。

15

EVERNEW

FPマット100

問い合わせ　エバニュー

最低限の厚みと長さのマットが欲しい……そんなミニマリストのリクエストに応えて開発された薄くて硬いマット。薄くても底付きをしない素材感は、就寝用マットのほか、バックパックの背面パネルにも有効。

薄くて硬い質感の
シンプルなマットが
万能過ぎる！

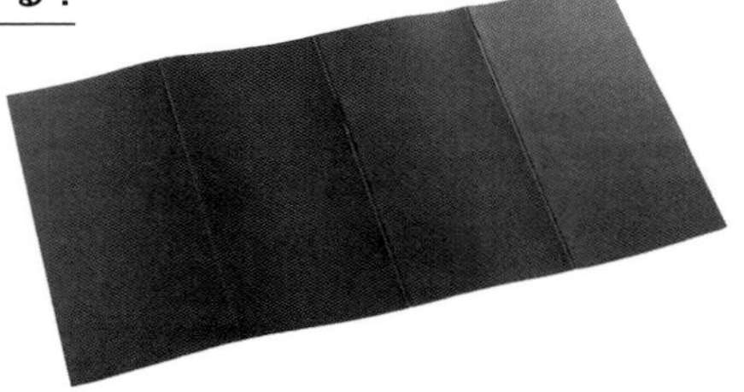

薄いので
ULザックの
背面マットに
最適！

硬めの質感は
底付きせず
ゴザとしても
重宝する。

16

便利な収納袋。
夜は心地よいピローに
早変わり。

SEA TO SUMMIT

ウルトラシルドライサック4L

問い合わせ　ロストアロー

キャンプ、サイクリング、旅行などマルチに活躍するドライサックは、薄く超軽量な30Dコーデュラ®シルナイロンを採用し、濡れや汚れから荷物を守る。たかにぃはこのサックを幾通りもの用途で使っている。

※4Lは現在廃番モデル

パッキングの外付けにはドライサックがちょうどよい。

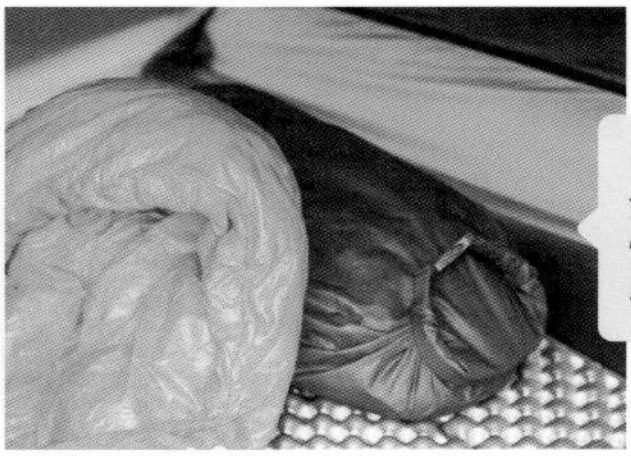

中に衣類か食料を入れれば快適な枕に早変わり。

17

用途別に分ければ
必要なギアをすぐ取り出せる。
整理整頓の強い味方。

Six Moon Designs

パックポッドセットカーボン

問い合わせ　ディントコヨーテ

シームテープと撥水加工により、収納物の浸水を防ぐパックポッドセットカーボン。広い開口部は中身が見やすく、パッキングもしやすい。0.5L、2L、7Lの3サイズがセットで、未使用時は入れ子で収納可能。

調理関連の小物を収納。全体が見えて取り出しやすい。

大中小の3サイズはパッキングの防水袋に最適。

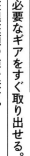

18

Fozzils

スナップフォールド ソロパック

問い合わせ　モンベル・カスタマー・サービス

カップ、ディッシュ、ボウルの折りたたみ食器3点セット。軽量でスナップボタンを外すだけでフラットになり、収納にも便利。中でもディッシュはフラットにするとカッティングボードとしてちょうどよいサイズ。

ボタンを外せばフラットに。
使い道は食器だけじゃない。

ディッシュは
ワンプレートの
盛り付けに
最適なサイズ感。

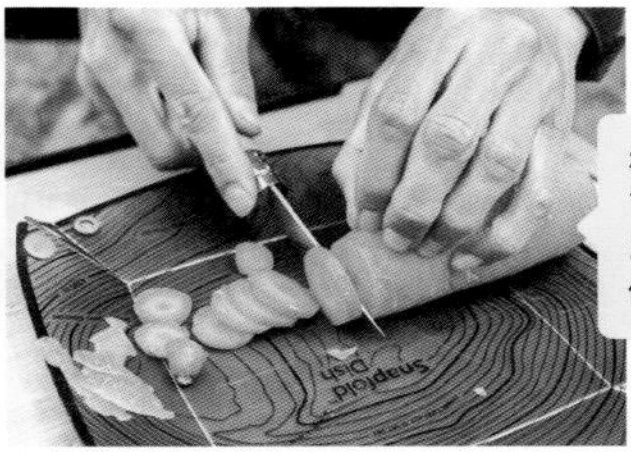

ボタンを外せば
フラットに。
まな板としても
使える！

19

minimalize gears

“HAPPY TRAIL” MINIタイベック

問い合わせ　ミニマライズギアーズ

湘南を代表するキャラクターデザイナー“RYU AMBE”とCAMPたかにぃがコラボして製作したタイベックシート。防水透湿性素材なのでグラウンドシートやレジャーシートに最適。使うほどに味が出る質感。

用途は無限大。
旅の相棒にしよう。

バックパックの
中身を取り出し、
整理するための
シートとして。

座っても
寝ても良し。
くつろぐための
レジャーシート。

20

HYDRO FLASK

クーラーカップ

問い合わせ　アルコインターナショナル

ステンレスを二重にすることで真空断熱構造を実現したクーラーカップ。缶、瓶のドリンクを保冷・保温できるクーラー＆コジーとして、そのまま注いでタンブラーとしても使えるまさに一石二鳥アイテム。

クーラーカップ
だけではなく
タンブラーとしても。

別売りの蓋を付ければ
さらに便利なタンブラーに。

こちらは別売りのストローに
差し替えてジュース用。

キンキンに冷えた
350ml缶のビールが飲める。

21

VARGO

チタニウムヘキサゴン ウッドストーブ

問い合わせ　ケンコー社

小枝などを燃料として使用できる軽量コンパクトなウッドストーブは、山形のデザインでアルコールストーブの風防としても優秀。開けば一枚の板になる折り紙のようなシンプルさで、メンテナンスもしやすい。

独特の山形デザイン。
ウッドストーブ
だけではない活用方法。

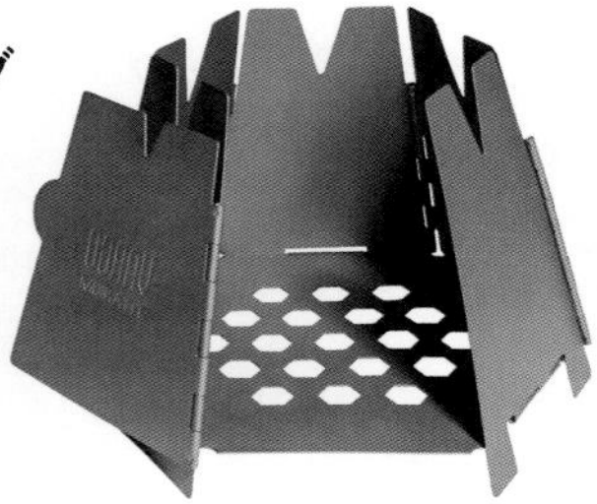

アルコール
ストーブの
風防兼ゴトク
にもなる。

本来の
機能である
ウッドストーブ
として。

22

PAAGOWORKS

焚き火トング

問い合わせ　パーゴワークス

PAAGOWORKSのニンジャファイヤースタンドソロ用のゴトク兼トングだが、これ単体でも販売。ありそうでなかったまさに一石二鳥アイテム。計算されたトング幅で、ゴトク使用時の安定感も完璧だ。

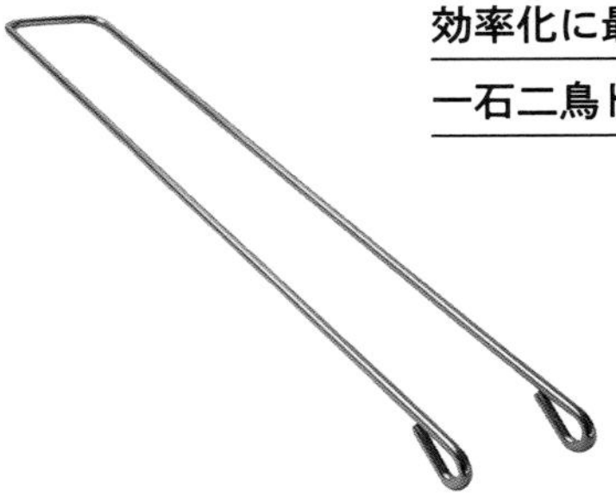

焚き火道具の
効率化に最適な
一石二鳥トング。

ちょうどよい
レングスで
トングとしての
使い勝手も◎。

角型クッカーを
置いても
ぐらつかない
抜群の安定感。

23

Victorinox

ネイルクリップ ウッド 580

問い合わせ　ビクトリノックス

小型ナイフから手元のケアまで、2役どころか6つの機能を搭載したスイス製の爪切り。ボディからワンタッチで出し入れできるシンプルな構造も美しく、キャンプで何かと活躍してくれるマルチツールだ。

調理道具から
身のまわりのケアまで
最強のマルチツール。

ミニ爪切りとして。
手元のケアも忘れずに。

調理ナイフがなくても
小型ナイフでサクサク。

パッケージの開封は
小型ハサミでジョキっと。

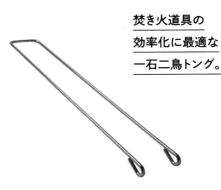

Category. 3

キャンプ飯編

軽量キャンパーのお役立ちアイテム。

調理時にあると便利な身近なもの！

お役立ちアイテムの最後の章はキャンプ飯編。
本格的な調理道具を持ち込めない軽量キャンパーのために
意外性のあるお助けアイテムとその活用術を紹介。
アイデア次第でキャンプ飯は美味しく、楽しくなる。

調理の秘密道具と
その活用方法を
教えます！

24

アルミホイルは変幻自在の調理アイテム。

アルミホイルはキャンプにおいて無限の可能性を秘めている。包んで焼くだけで色々な料理ができるし、調理の過程でも幅広い使い道がある。アルミホイルをトレーにすればその分、道具の削減になり、食後の片付けも楽だ。ここでは、そんな変幻自在に使えるアルミホイルの4つの活用術を解説。用意するものは厚手のアルミホイルのみ！

たかにぃの風防は
自作のマグネット付き！

強風ではアルミホイル自体が吹き飛んでしまう心配も。そこでたかにぃはアルミホイルにマグネットを装着。ガス缶に吸着させて風防の安定感を高めている。

タレ皿に使う。

バーベキューなどでは必須のタレ皿だが、軽量派としては余計な荷物は増やしたくない。そこでアルミホイルを皿状に成形。自由な形状が可能なアルミホイルならではのアイデアだ。

風防に使う。

風防は風で火が消えるのを防ぐためにまわりを囲う道具。蛇腹式にたためるステンレス製が一般的だが、厚手のアルミホイルを半円上に巻けばオリジナル風防の完成。

ピザパン焼きに使う。

火床の高さがある焚き火台なら、下の熱を利用してピザパンを作ることも。薪を地面に置いて土台とし、アルミホイルに包んでパンを入れるだけ。もちろん本物のピザでもOK。

包み焼きに使う。

アルミホイルに包んで焼くだけの包み焼きこそアウトドア料理の原点。食材はアルミホイルに密着させるように巻くこと。破れたときのために二重に巻いておくとなおよし。

25

ジップロック®の有効な使い方。

軽量キャンパーのみならず、ULハイカーや登山家たちがこぞって愛用するジップロック®。密封ジッパーで液漏れやにおい漏れを防ぎ、食料保存にも最適。オススメはフリーザーバッグやストックバッグだが、スクリューロックもアルミ遮熱材を貼ることでコジーになる。ここではキャンプで効果的なフリーザーバッグの使い方を解説。

食料保存に使用。

前日に自宅で仕込んだ食材を保存しておくのに有効。液漏れ、匂い漏れの心配もないので下味を漬け込んでおくのに最適だ。様々なサイズがあるのも嬉しい。

1

シェラカップに水を用意。

2

その水と洗った米をジップロック®に入れる。

3

クッカーで沸騰させた湯の中に10分。

4

火を止めて5分蒸らせば出来上がり。

美味しく炊くには
水の量に
気を付けて！

用意するのはフリーザーバッグ。中に米1合と水200mlを入れて10分放置。クッカーが沸騰したらその中に入れる。10分経過したらいったん火を止め、湯に入れたまま5分間蒸らす。これだけでふかふかのご飯が！

ゴミ袋に使う。

ゴミの待ち帰り必須のキャンプ場では、ジップロック®をゴミ袋として活用しよう。におい漏れしないのでバックパックのポケットに突っ込んでおくだけでOKだ。

炊飯に使う。

キャンプの炊飯は色々な方法があるが、最も軽装備で片付けが楽なのはジップロック®を使った炊飯だ。洗い物の手間もなく、余った米はそのまま持ち帰ることだってできる。

26

アルファ米を美味しく食べる方法。

アルファ米とは一度炊いた米を乾燥させたもの。水やお湯を注ぐだけで食べられるので非常食として定番だが、軽量で持ち運びやすいことからテント泊登山にも重宝。ただ、実際に炊いた米と比べると、ぼそぼそとして美味しくないと感じる人はいるかもしれない。そんな方は総菜を一品用意し、アルファ米と絡めて食べるのがオススメだ。

お湯を注いですぐに食べられるアルファ米。こちらは炊きあがりが260gなので、1人分としてベスト。国産牛バラ肉を用意し、にんにく醤油味のソースで味付けだ。

アルファ米に 沸騰したお湯を入れる。

パッケージのまま直接食べられるのがアルファ米の良いところ。クッカーで煮沸したお湯をアルファ米の中に注ぎ込む。

アルファ米が冷めないよう コジーに入れておく。

お米は温かいうちに食べるのが一番。アルファ米にお湯を注いで15分待機する。その間、冷めないように保温コジー内にキープ。

その間にクッカーで 焼肉を焼く。

クッカーを使って牛バラ肉を焼く。米を肉で巻いて食べるので、ちょうど巻きやすいサイズの肉を選ぶのがポイントだ。

1

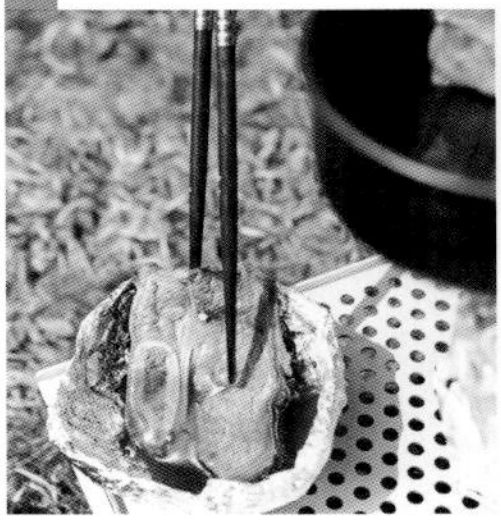

2

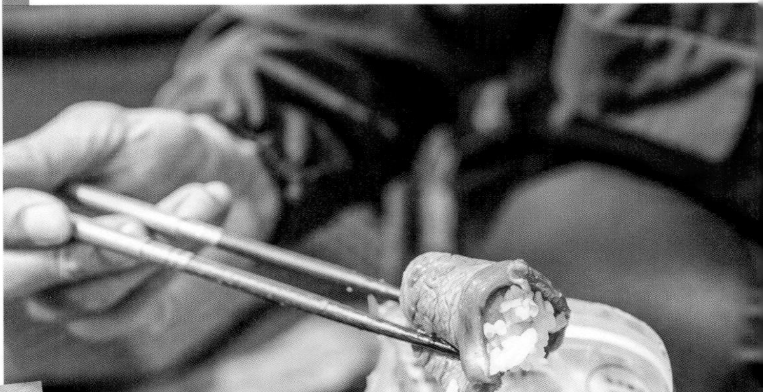

1 P167で作ったアルミホイルのタレ皿に、にんにく醤油味のソースを入れる。2 ソースをつけた焼肉をパッケージの中に入れ、ご飯を包んで食べる。肉汁やソースの味がご飯と絡まって、アルファ米が一層美味しく食べられる。シンプルだが最強の食べ方だ。

27

かち割り氷を無駄なく使い切る。

キャンプ場に到着する前のコンビニやスーパーでは、食料とともに必ず購入しておきたいかち割り氷。とはいえ、氷だからとぞんざいに扱っていないだろうか。ドリンクを冷やすだけでなく色々と使い道があるので、無駄なく最後まで使い切ろう。

購入したら
クーラーバッグに
入れておこう。

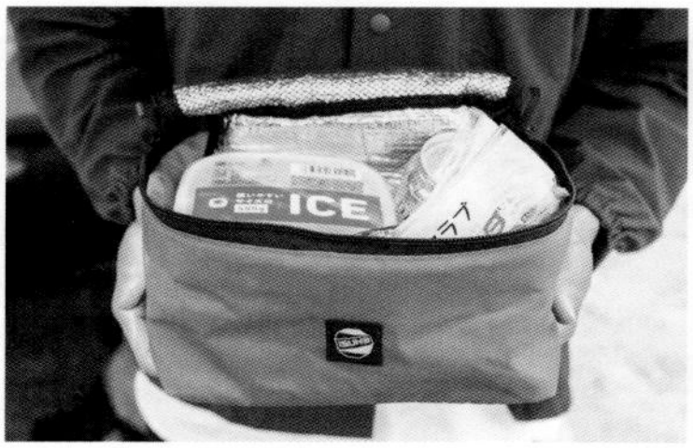

食材の保冷用に。

ドリンクの氷として。

溶けたら煮沸に利用する。

調理前はクーラーバッグに入れておく保冷剤として。調理の際は、ドリンクの氷はもちろん、溶けたらレトルトやフリーズドライの湯煎用としても活用。無駄なく使い切ろう。

28

冷凍食品は何でも保冷剤になる。

かち割り氷だけが保冷剤とは限らない。コンビニやスーパーにある冷凍食品だって立派な保冷剤に。コンパクトクーラーバッグは、冷凍食品とビール数本がちょうど収まる。冷凍食品でビールを冷やしておけば、食事のときに冷えたビールが飲める。

（↑）冷凍肉

ビール2本と
冷凍炒飯を
クーラーバッグに。

（↑）冷凍炒飯

ビールと冷凍食品のセットは最高の組み合わせ！

キャンプ場で冷凍食品が重宝されるのは、手間がかからないからだけではない。熱々のキャンプ飯と冷えたビールの組み合わせは、控えめにいっても最強。その2つを同時に味わうためにも、冷凍食品で直前までビールを冷やしておく必要がある。

1

2

3

これこそ

1 直前まで冷凍炒飯でビールを冷やしておく。2 時間をかけずサッと炒飯を炒める。3 熱々の炒飯と冷えたビールを同時に味わえる！

徒歩キャンプの次のSTEPとして

自転車キャンプに挑戦してみよう。

自転車なら積載量も移動距離もUP!
PACKING

キャンプ道具の軽量化はそのまま他のアクティビティへの挑戦に繋がる。自転車にまたがり、長旅をしながらキャンプをする「自転車キャンプ」も、その可能性のひとつだ。

自転車に積載を任せることで、移動中にかかるストレスは激減する。そのため、徒歩キャンプの次のステップとして自転車移動を選ぶ人は多い。

昨今は、自転車に直接バッグを取り付ける〝バイクパッキング〟と呼ばれる自転車キャンプが人気だ。だが、このスタイルは様々な専用バッグが必要であり、いきなりすべてを揃えるのはハードルが高い。そこでビギナー向けにステップを踏んで、最終的にバイクパッキングにたどり着くようにしたい。まずは自転車を漕ぎ出すこと。その第一歩こそがすべての始まりだ。

STEP.1

4つのスタイルと代表モデルを紹介。

バイクパッキングで選ぶべき自転車とは?

ビギナー向けだが、積載量はかなりのもの。

ビギナー向けで、オン・オフ両方走れるタイヤの太さが魅力。キャリア（荷台）を搭載できるタイプが多いためハンドルとサドルまわりは要チェック。

クロスバイク

積載　○
速さ　○

GIANT
エスケープR3 MS LTD

SPEC
価格（税込）　¥56,100
タイヤ　700×30C
重量　10.8kg
シフト　24段
問い合わせ　ジャイアント

国内クロスバイクのベストセラーモデルにキックスタンドを標準装備。安定性、転がりの軽さをバランスした30mm幅タイヤと、疲れにくいエルゴグリップ、クッション性の高いサドルを採用し快適性を向上。

オンロード走行メインの旅に最適。

速く走れるため遠くまで移動することがメインの人には向いているが、25mm幅タイヤはデリケート。オンロード走行に限定しないとパンクのリスクが大きい。

ロードバイク

積載　△
速さ　◎

CANNONDALE
シナプス3

SPEC
価格（税込）　¥160,000
タイヤ　700×30C
重量　——
シフト　9段
問い合わせ　キャノンデール

坂道はもちろん多少の未舗装道路はものともしない軽量アルミモデル。タイヤはグラベルライドやキャンプツーリングも楽しめる35㎜幅まで対応。たくさんのアイレット（通称ダボ穴）がありキャリア搭載も可能。

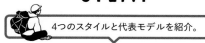

長距離を走るのだからスポーツ自転車を選ぶことは当然だが、どんな走りをしたいかで自転車のスタイルも変わる。日本の場合、8割は舗装道路になるので、それを踏まえて4つのスタイルと各代表モデルを紹介する。

キャンプツーリング用に作られた万能型。

グラベルロードバイクは、アメリカでキャンプツーリング向けに作られた自転車だけあって、タイヤは太く4つのスタイルの中で最も旅に向いている自転車だ。

グラベルロードバイク

積載　◎
速さ　○

TREK
チェックポイントALR 5

SPEC
価格(税込)　¥340,890
タイヤ　700×40C(最大)
重量　――
シフト　2×11段
問い合わせ　トレック・ジャパン

コスパに優れながら舗装道路、ダート、過酷なグラベルでの長距離ライドに耐えられる優良モデル。タフなアルミフレームと登り坂や荒れたグラベルに適したローギアを備え、あらゆる天候下で高い制動力を発揮。

折りたたみなので輪行するならこちら。

可愛いデザインとは裏腹に、ラックが装着できて積載性に優れる一台。折りたたむととても小さくなるので、輪行して電車での移動もしやすいのが最大のメリット。

小径車

積載　◎
速さ　△

DAHON
K3

SPEC
価格(税込)　¥105,600
タイヤ　14インチ
重量　7.8kg
シフト　3段
問い合わせ　ダホン

3段変速ながら重量わずか7kg台のフォールディングバイク。ヘッドはバスケットやラック取り付け用の台座があり、多くのアクセサリーがアレンジ可能。フレームの負担を軽減させるDeltec®テクノロジーも搭載。

STEP.2

私が最初に実践した自転車キャンプはこれでした。

最初はバックパックを背負うだけでいい。

徒歩キャンプなら50～55Lのバックパックからスタートするのがオススメだが、自転車であれば40Lにとどめておこう。バックパックさえあれば自転車キャンプはすぐ始められる。

ビギナーがいきなりバイクパッキングの道具を揃えるのはハードルが高い。まずは日頃使用しているバックパックを背負ってキャンプへ出かけてみよう。これが、一番迷わず悩まずにできるやり方だ。

実はたかにぃがたどってきた道がまさにこれ。キャンプ道具を積んだ40Lバックパックを背負い、ロードバイクで5時間走り続けたとか。

このスタイルはもちろんそれなりにお尻や腕、肩などが痛くなる。なので最初は長距離にはせず、片道30～40㎞、約3時間以内で行けるキャンプ場を選ぶと、しっかりと旅気分を味わいながらも大変過ぎず、充実した自転車キャンプになるはずだ。

バックパックひとつで自転車キャンプをして楽しいと思えたら、改めて次のステップへと進んでみよう。

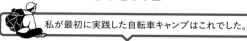

STEP.3

長距離移動もこれで快適に！

パニアバッグがあれば、長距離の自転車旅も快適。

パニアバッグの利点は積載量が多く、長旅に向いていることだ。とはいえ、リアにキャリアを設置すると荷物が重心から離れて、走行性はやや重く感じられるかもしれない。

パニアバッグとは、自転車に設置されたキャリアに取り付けるバッグのこと。90年代までは、自転車旅といえばパニアバッグでの積載方法が主流だったようだ。

　自転車にバッグを取り付けることで身体はフリーになる。よって負担は軽くなり、また積載量もアップするため、より長距離の旅が可能になる。

　パニアバッグ選びのポイントは、急な雨にも対応できるように防水タイプがオススメ。また自転車によってはキャリアの取り付けが難しいものもあるので確認が必要だ。

たかにぃの愛用は

Jack Wolfskin

ロールアップ式のパニアバッグで、収納力は非常に高い。取り付けはシンプルだし軽量。デザインもお洒落で、目立つ位置にリフレクターが付いているなど安全面も考慮されている。

装着方法は簡単！

❶ キャリアを設置する。

❷ フックをキャリアにセット。

❸ マジックテープで固定。

❶パニアバッグを取り付けるためには、まずキャリアの設置が必要。自転車のフレームにダボ穴が付いていればキャリアは設置可能だ。ダボ穴にボルトを締めるだけの簡単な作業で設置完了。❷パニアバッグの装着は、引っ掛けるだけのフック式が主流。❸あとはトップとボトムのマジックテープ2点留めでバッグを固定する。

STEP.4

荷物を中心軸に集めて負担を軽減させる。

バックパッキングスタイルに挑戦。

キャンプ道具一式を複数のバッグに分散させてロードバイクに装着。実際たかにぃは、3週間かけてバイクパッキングで北海道の旅をしたこともあるそう。

いよいよバイクパッキングスタイルに挑戦だ。それまで自転車旅に必要だったキャリアを取り外し、ボディに直接バッグを装着したのがバイクパッキングスタイル。日本で定着したのは２０００年代後半からで、舗装道路の多い日本に適したロードバイクはキャリアを設置できるダボ穴のないモデルが多かったため、余計に支持されたようだ。

収納バッグを小分けに分散させたこのスタイルは、自転車の中心軸に荷物を集めることで揺れを抑えられ、荷重をそこまで感じずに走行できる。一方、パニアバッグよりも収納が制限されるため、どうしても軽量コンパクトな積載が求められる。

たかにぃは、当初のバックパックスタイルから軽量化を図った結果、バイクパッキングスタイルに行き着いたのだ。

CAMPたかにぃの自転車装備

たかにぃの自転車はTREKのグラベルロードバイク、チェックポイントALR5 2023年モデル。各所にダボ穴が付いてキャリアも装着することが可能。「スピードがあり、オフロードも走れるタイヤと積載の自由度もあるので、オールマイティに楽しめます」。

サドルバッグ

[中身]

最も容量が入るサドルバッグ。シュラフや衣類、エアーマットなど大物の荷物はすべてここに。

フロントバッグ

[中身]

フロントのメインバッグはテントやハンモック。サブバッグには行動食やモバイルバッテリーを。

フレームバッグ

[中身]

積載しても負荷がかかりにくい位置にあるため重量のあるものを。工具や焚き火台など。

ステムバッグ

[中身]

バイクパッキングとは関係なく常備しているステムバッグには、ペットボトルや小物類を。

アクセサリーバッグ

[中身]

フロントフォークに取り付けたバッグにはテントやシュラフ、チェアなど丸められるものを。

たかにぃの愛用は

APIDURA

フロントバッグ、サドルバッグ、フレームバッグ、すべてを英国生まれの本格サイクリングバッグメーカーであるAPIDURAで統一。軽量＆コンパクトでバイクパッキングに最適なバッグなのだ。

軽量第一のたかにぃは、パニアバッグより断然バイクパッキングスタイル派。「ただ、積載量が多いときは、バイクパッキングの装備にキャリアを加えることもあります」。

STEP.5

4つの主要バッグを手に入れよう。

バイクパッキングの基本装備を学ぶ。

ここでは、バイクパッキングに必要なバッグを掘り下げていく。主要なバッグは4つ。バッグの配置によって収納するギアも変わり、それぞれ容量も異なる。通常のバックパックのパッキングよりも難しく、工夫が必要だ。

サドルバッグ

大容量のものはシートポスト付近に。

たくさんの容量が入るサドルバッグは、シートポスト付近に装着することで重心が安定する。APIDURAのサドルバッグは17.5Lと大容量なだけでなく、折りたたんで小さくすることも可能。パッキング量に応じてコンパクトにできる。

たかにぃの場合

荷物が入らないときは、バンジーコードが付いているサドルバッグがあると便利。バックパックと同様、キャンプ道具を外付けして対処しています。

WARNING!!

サドルバッグは沈まないようきっちり固定すべし。

サドルバッグ装着の注意点は、荷物が重かったり、取り付けが甘かったりすると沈んでタイヤに擦れてしまうこと。きつめに装着しよう。❶サドルフレームに引っ掛ける。❷❸サドル下のシートピラーにきっちりに固定。

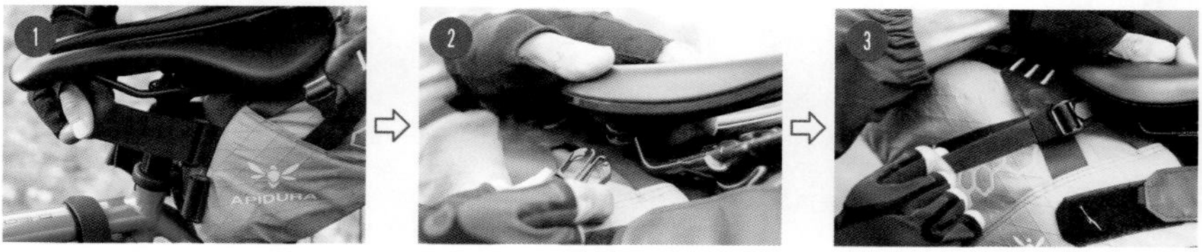

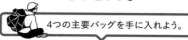

フレームバッグ

重たいものを入れると安定感がアップ！

フレームバッグは車体の重心に位置しているので、工具などの重たいものを入れることで走行の安定性を高めてくれる。厚みが5cm程度しかないため、中に入れるものは限定されるが、大きさは小型から大型まで様々あり。

たかにぃの場合

私が愛用しているフレームバッグは、通常よりも大きいフレーム全体にかかるフルフレームバッグ。これなら焚き火台も収納できます。

フロントバッグ

ハンドル操作に影響のない軽量なものを。

ハンドルバーバッグとも呼ばれる。使用頻度の高いもの、またはハンドルの操作性に影響を与えない軽量なものを入れるのがベスト。ドロップハンドルのロードバイクを使用している場合は、幅の狭いデザインを選ぶこと。

たかにぃの場合

フロントバッグの上からサブバッグも付けています。取り付けにキャリアやシートステーを必要とせず、簡単に容量増しができます。

アクセサリーバッグ

フロントフォークも収納に活用できる！

フロントフォークに専用のケージを取り付けることで積載量を増やすことができる。たかにぃは右側だけにアクセサリーバッグを装着しているが、両サイドに付けることも可能だ。自分の荷物に合わせてアレンジしよう。

たかにぃの場合

テントセットやシュラフなどを設置しておくことが多いですね。愛用しているニンジャテントはここにちょうどよく収まります。

軽量キャンプ
7人の達人。
06

BIKE PACKER

道中を楽しみながら 週末限定のバイクパッキング。

辻井国裕さん／ボルシチPR

アウトドアブランドのプレス業務で
多忙を極める辻井さんは、
週末の旅キャンプが憩いのとき。
一見荷物をたくさん積んでいるようだが
ULギアだけで揃えているので実は快適。
車だと見逃しがちな
景色を目に焼き付けながら
目的のキャンプ場まであと少し。

PROFILE

アウトドアを中心に国内外のブランドをPRする「ボルシチ」代表。3年ほど前からバイクパッキングにハマり、週末になると自転車で県をまたいで様々なキャンプ場に繰り出す日々。

1 お気に入りのSALSAグラベルバイクはパープルカラーがお気に入り。 2 3 OUTER SHELL ADVENTUREのヒョウ柄のフレーム＆サドルバッグは、暴走族車のイメージ。この近寄り難さが防犯になっているそうだ。 4 フロントバッグにはシュラフなどを収納。 5 前輪には2つのパニアバッグ。ハンドルを切るのが難しそうだが、辻井さんは慣れたものだ。

移動

道中は車だと見逃しがちな景色を堪能しながら。

グラベルバイクを漕いで、砂利道のアップダウンを繰り返す。目的地の滝沢園キャンプ場まであともう少し。スタバで休憩したり、あえて細道を通ったり、途中何度も寄り道しながら走らせてきた。

フロント、フレーム、サドルにはすべてバッグが装着され、前輪には2つのパニアバッグ。一見すると大荷物を積んでいるようだが、最大限に軽量化したULギアばかりなので、総重要は意外なほどに軽い。とはいえ、収納できるだけ詰め込んでしまう心配性な性格もあって、結局バッグの中身はいつもパンパン。

「基本は色々と持っていきたい派。自転車のキャパと折り合いをつけるため、次第にULなものを選ぶようになりました。これでもそぎ落としたほうなんです」と笑う辻井さん。「やりたいことが多過ぎるのかな。だって楽しまないと勿体ないでしょう」。

フレーム中央に装着した軽量なダイニーマ®の収納袋。キャンプ場の最寄りのスーパーに立ち寄ると、このサックに食料を詰め込み、今度はバックパックとして背負って移動。効率的なルーティンだ。

ULな道具選びだが、持参したいものがたくさんあるという辻井さんの理想をかなえてくれるバイクパッキング。ご覧のとおり、徒歩より断然積載力あり。2つのパニアバッグ、サドルバッグ、フロントバッグの中身を紹介。

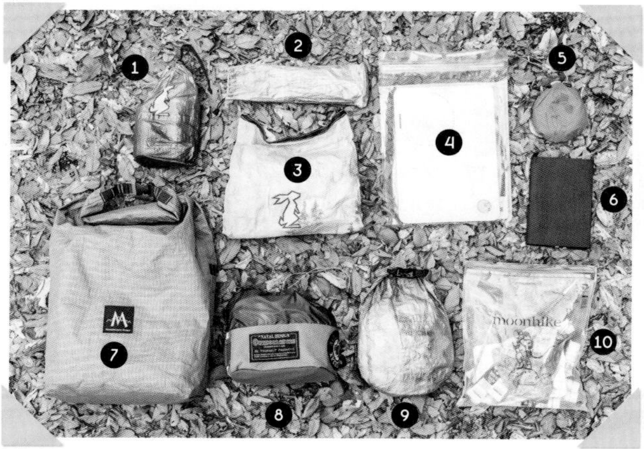

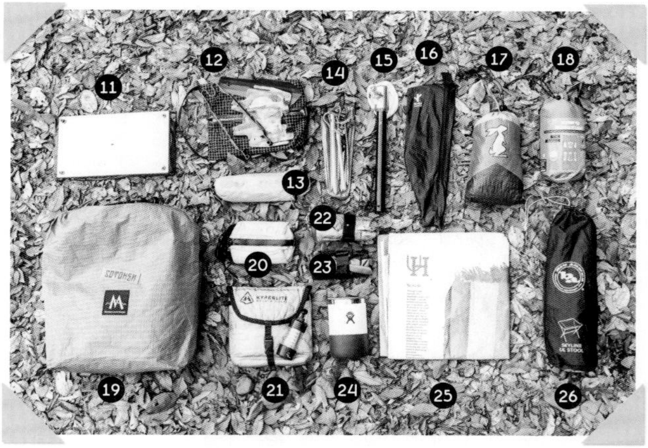

パニアバッグ一覧

❶【小物入れ】HIGH TAIL DESIGNS スタッフサック（コーヒーセット）
❷【小物入れ】MOUNTAIN LAUREL DESIGNS ポーチ（カトラリーセット）
❸【ゴミ袋】HIGH TAIL DESIGNS スタッフサック
❹【カットボード】EVERNEWチタン製カットボード
❺【スキットル】TOAKSチタニウムワインフラスコ
❻【ブックカバー】SO FAR SO GOOD ハイカーズブックジャケット
❼【パニアバッグ】MOUNTAIN LAUREL DESIGNS
❽【小物入れ】NATAL DESIGN ポーチ（調理道具）
❾【中華鍋】UNHALFDRAWING タビ鉄
❿【小物入れ】お絵描きセット
⓫【テーブル】factory-b LEVEL
⓬【ストーブ】QIWIZGEAR ファイヤーフライ ULウッドストーブ
⓭【シート】MOUNTAIN LAUREL DESIGNS グラウンドシート
⓮【ペグケース】Zpacks
⓯【ハンマー】muraco カラジャスペグハンマー
⓰【ランタンスタンド】SHU WORKS　UL ランタンスタンド
⓱【小物入れ】HIGH TAIL DESIGNS スタッフサック（防寒手袋、ソックス）
⓲【マット】KLYMITイナーシャXライト
⓳【パニアバッグ】MOUNTAIN LAUREL DESIGNS
⓴【小物入れ】tempra cycle（ウェットティッシュ）
㉑【小物入れ】HYPERLITE MOUNTAIN GEAR（ランタン各種）
㉒【シート】KLYMITエアーシート
㉓【シンク】SEATTLE SPORTSポケットシンク
㉔【カップ】HYDRO FLASKクーラーカップ
㉕【シート】ジェリー鵜飼タイベックスシート
㉖【チェア】BIG AGNESスカイラインULスツール

装備&収納

自転車移動はギアが増えがち。だから個々はULなモノ選び。

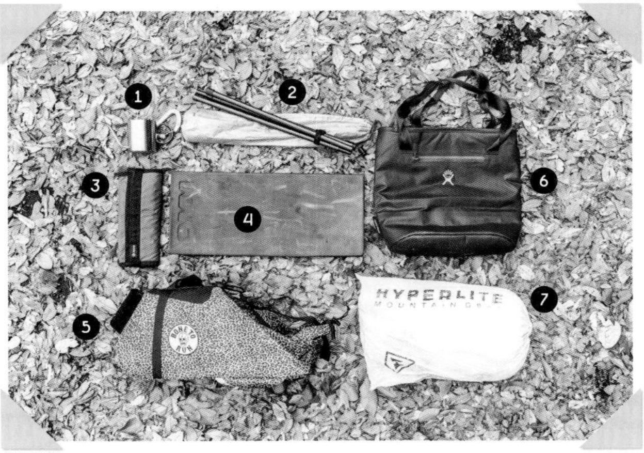

サドルバッグ一覧

❶【ポット】新潟燕三条製
コーヒードリップポット
❷【ポール】ANTCAUS
カーボンファイバー
マルチテントポール
❸【ソフトクーラー】ISUKA
フォールドアップクーラー
❹【マット】OMMデュオマット
❺【サドルバッグ】
OUTER SHELL ADVENTURE
❻【バッグ】HYDRO FLASK
ソフトクーラーバッグ
❼【テント】
HYPERLITE MOUNTAIN GEAR
テント

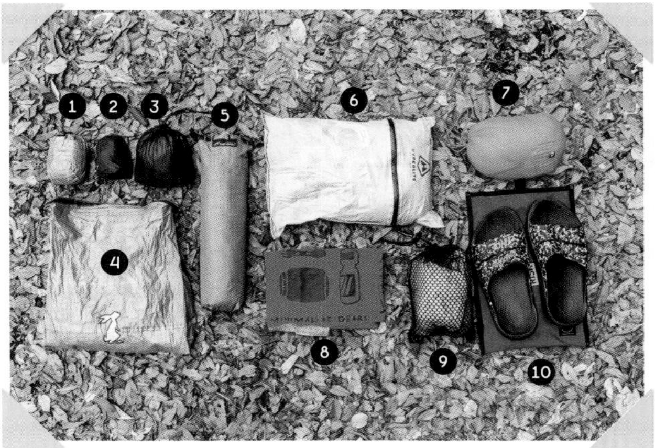

フロントバッグ一覧

❶【ウインドシェル】
ENLIGHTENED EQUIPMENT
❷【寝具】Therm-A-Rest ピロー
❸【寝具】CUMULUSシルクライナー
❹【フロントバッグ】
HIGH TAIL DESIGNS
❺【小物入れ】
MOUNTAIN LAUREL DESIGNS
スタッフサック(中綿ベスト)
❻【小物入れ】
HYPERLITE MOUNTAIN GEAR
(着替え)
❼【シュラフ】OMMコアライナー
❽【手ぬぐい】minimalize gears
❾【小物入れ】Zpacks
(ポンチョ、レインスカート)
❿【サンダル】OOFOS
リカバリーサンダル

ベースウェイト 12kg

天気の良い日は、テント内にタイベック素材の絨毯柄のグラウンドシート１枚を敷くだけ。KLYMITのエアーマットと、シュラフはOMMとCUMULUS。スペース半分は自転車の収納場所として活用。

サイトレイアウト

自転車も収納できる天高ワンポールテントが快適。

「天井の高いテントが好きなので」と辻井さんが選んだ居住スペースは、HYPERLITE MOUNTAIN GEARの４人用テント。広々としているが重量わずか653g。就寝時は防犯のために自転車をテント内に置けるのも便利だ。

クッカーとストーブは超軽量ギアをチョイス。

クッカーはハイカーたちに絶大な人気を誇るJINDAIJI MOUNTAIN WORKSヒルビリーポット。スタッキングしたSanpos'のアルコールストーブと相性抜群。

調理器具はULかつ機能に優れたものを。

野外で炒め物ができるようにと購入した小ぶりな中華鍋、UNHALFDRAWINGのタビ鉄は、悪条件の地面でも水平を保つULテーブルfactory-bのLEVELに載せて。

背もたれがなくても包み込むような座り心地。

背もたれはないが抜群の座り心地のBIG AGNESスカイラインULスツール。軽量派としてはチェアを持っていくのは悩みどころだが、焚き火にはやはり欠かせない。

ずっと一軍として愛用するウッドストーブ。

「薪を使うと斧を持っていかなくてはいけないから」とウッドストーブが好み。チタン製で軽量なこちらは、小枝をくべるための丸い穴が可愛くてずっとお気に入り。

収納袋を少しでも軽くして総重量を削減。

バックパックにすべてが収まる軽装備と違いバイクパッキングの総重量はかさむ。少しでも軽量化を図るため、収納袋は超軽量＆高耐久な素材ダイニーマ®を活用。

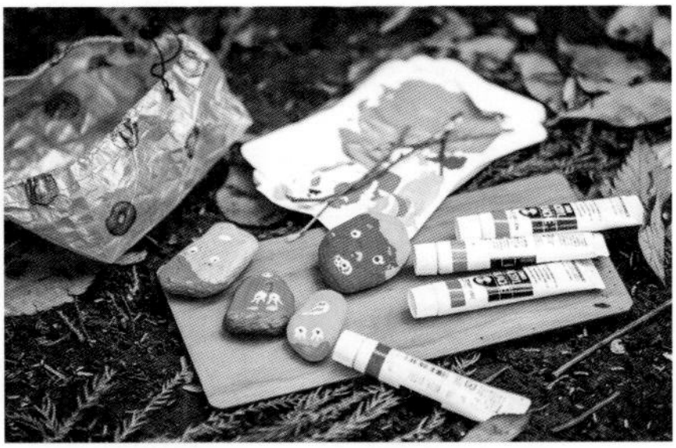

落ちている石ころをキャンバスに絵を描く。

絵を描くのが大好きな辻井さんは、いつしかキャンプ場に落ちている石ころに絵を描くことがライフワークに。落ちている枝を筆代わりに、ベタ塗りは手で。

キャンプ飯

アルコールストーブ1台で炒め物からスープパスタまで。

キャンプ場に向かう途中で食料の買い出しを済ませてきた辻井さん。用意したのは野菜にウインナー、冷凍ホルモン肉。小さなアルコールストーブだけでもそれなりのキャンプ飯ができてしまうことを実践してくれた。

ホルモンの野菜炒め

冷凍コプチャンミックスに野菜を入れて中華鍋で炒めるだけ。横着料理だが見栄えは抜群。❶ EVERNEWのチタン製カットボード上に野菜を載せてざく切り。❷「ガス缶はかさばるから」とアルコールストーブ派。Sanpos'の上で中華鍋を振る。

主な調理道具

- **・クッカー**
  JINDAIJI MOUNTAIN WORKS
  ヒルビリーポット350
- **・ストーブ**
  Sanpos' Funlite Gear
  ガァァァストーブ
- **・中華鍋**
  UNHALFDRAWING
  タビ鉄
- **・テーブル**
  factory-b
  LEVEL

大葉風味のスープパスタ

和風テイストのスープパスタはヒルビリーポットそのままで食べる。❶湯を沸かしカットしたウインナーと1人分のパスタを入れる。❷大葉を刻んで塩とにんにく、オリーブオイルを混ぜて作ったソースを隠し味に。大葉の独特の香りは和食、イタリアンどちらもいける。

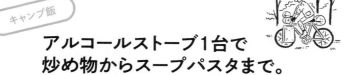

手挽きのコーヒーを淹れたり石ころに絵を描いたり。「やりたいことがたくさんだから荷物も増える！」。

原則薪での焚き火のみ。
今回は特別に許可していただきました。
本をじっくり
読めるのも
こんなときだけ。

焚き火

ウッドストーブで燃料を現地調達。

食事が済めば焚き火の時間。辻井さんの場合は、「薪を割るのに斧や鉈も持っていかなくちゃいけないので」と、もっぱらウッドストーブ派。小枝や枯葉を現地調達し、自然と一体化して炎を楽しむ。

週末限定のキャンプだから、やりたいことは山ほどある。最近はもっぱら河原に落ちている石ころを拾って、表面に絵を描くことに夢中。「落ちていた枝を筆代わりに。ベタ塗りのときは手で。石ころアートって呼んでいます（笑）」。

そんな遊びを思いつくたびに当然荷物は増える。だから徒歩よりも積載量に優れた自転車キャンプは辻井さん向き。

「そうなんです。でも自転車の魅力は積載量だけじゃない。一番の醍醐味は道中の旅感。車では見逃しがちな景色を堪能しながら走るのは気持ち良い。気になった場所があれば引き返しやすいのも自転車の旅ならではでしょう？」。

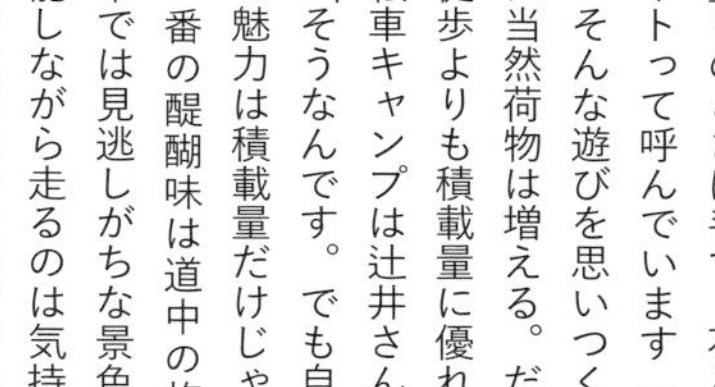
可愛い小窓に
枝を入れるのが
好きなんです。

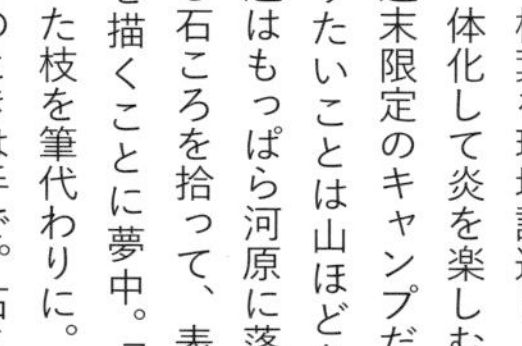

QIWIZGEARのウッドストーブに小枝や落ち葉などの燃料をくべる。チタン製で軽いウッドストーブは珍しく、とても小さいサイズだが燃焼効率は非常に高い。丸い小さな穴に小枝を突っ込むのが可愛い。

軽量キャンプ
7人の達人。
07

CAB CAMPER

リアコンテナひとつで キャンプ場を巡る さすらいのカブキャンパー。

桜井貴教さん／パーゴワークス勤務

HONDAスーパーカブ50にまたがり
ツーリング&キャンプの旅に出る
さすらいのカブキャンパー。
荷物はリアに設置された
コンテナスボックスにすべて収納。
バイク移動ながらバックパックに負けない
軽量装備の美しき収納術マイスター。

PROFILE

軽量性と機能性に優れたアウトドアギアを開発するPAAGOWORKS営業。低山ハイキングやロングトレイル、キャンプが好き。スーパーカブ50を入手しツーリングキャンプに開眼中。

「スーパーカブ50 50周年スペシャル」でキャンプイン。道具一式を積んでいるとは思えない佇まい。

移動

足は50ccのスーパーカブ。

スーパーカブ購入以降、長旅好きに拍車がかかったという桜井さん。年末から一週間かけてキャンプ場を転々としながらツーリングし、新年を迎えたこともある。

「1人でいるのが好きなんです」と桜井さん。キャンプ場で焚き火をしながら、何をするわけでもなく一夜を過ごす。そして翌朝には別のエリアへ。

積載力のあるパニアバッグではなく小さなコンテナボックスの中に全装備品を入れるのがこだわり。外付けも極力しないあたりが、「一切無駄のない収納」への美意識を感じさせる。シンプルを追い求めて、たどり着いた境地だ。

ただ荷物が積めればよいというわけではない。「パッキングして収まった姿も納得できるものでありたい」と見え方にも気を配る。「折りたたみチェアもバイクに外付けしようと思えばできますが、それだと美しくないんです」。

1 ステンレス製コンテナボックスにキャンプ道具のほぼすべてを収納。2 フロントキャリアに薪を搭載。荷物が多くなる冬場はここにニンジャテントをセット。3 フロントには予備ガソリン。コンテナボックスもそうだが、ステンレスパーツを多く取り入れることで、スーパーカブの美しさを際立たせている。

装備&収納

コンテナボックスに美しく収納できるのが絶対条件。

40×28×27.5㎝の小さなコンテナボックスの中にこれらの道具すべてが入っている。バックパックの容量に置き換えれば約30L。パズルのように試行錯誤した結果、桜井さんの中で完璧な装備リストになったそうだ。

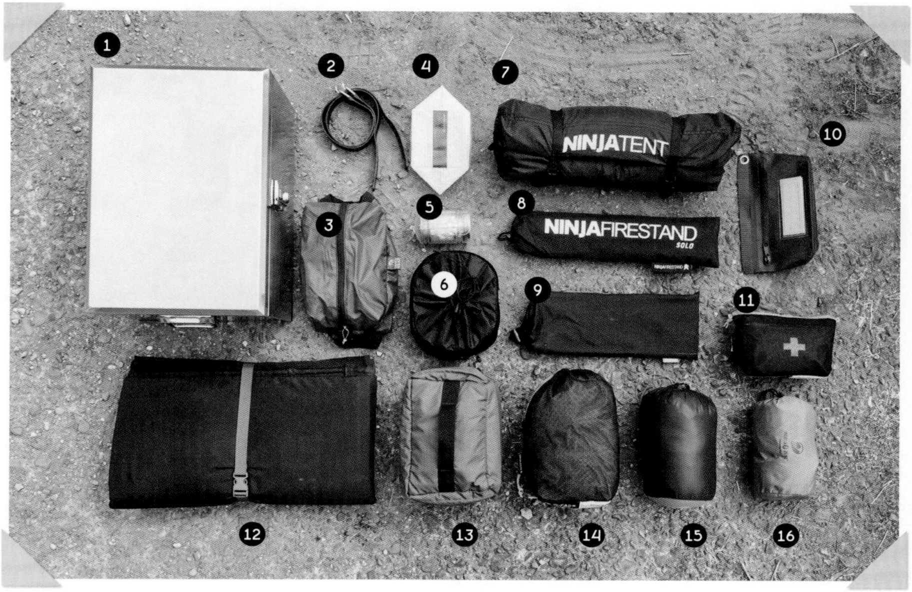

装備品一覧

❶【コンテナボックス】ステンレス製コンテナボックス
❷【固定ストラップ】TITAN STRAPS
❸【スタッフサック】GRANITE GEAR(焚き火道具)
❹【ランタン】CARRY THE SUNソーラーランタン
❺【ランタン】HIGHMOUNT
フォレストヒルキャンドルランタン
❻【クッカー】PAAGOWOKRSトレイルポットS1200P、調理道具
❼【テント】PAAGOWOKRSニンジャテント
❽【焚き火台】PAAGOWOKRSニンジャファイヤースタンドソロ
❾【テーブル】SOTOフィールドホッパー
❿【小物入れ】HIGHTIDEタープポーチ(モバイルバッテリー)
⓫【小物入れ】PAAGOWOKRSダブルフェイスポーチ
(ファーストエイドキット、ポケットティッシュホルダー、ヘッドライトなど)
⓬【座椅子】mont-bellシートホルダー
⓭【クーラーボックス】ISUKAコンパクトクーラーバッグ
⓮【小物入れ】PAAGOWOKRSダブルフェイススタッフバッグ(衣類)
⓯【寝具】OMMマウンテンレイド100、
MOUNTAIN LAUREL DESIGNSキルトバッグライナー、
NEMOフィッロエリート
⓰【マット】KLYMITイナーシャオゾン

ベースウェイト 11kg

収納術 ①

コンテナ内は計算された二段重ね。

下段は重量や長さのあるもの、シュラフや着替えなど形が変わりやすいものを収納しデッドスペースを埋めていく。上段はクーラーボックスや四角いものを中心に。保冷の必要のない食料を入れても蓋が閉まる。

収納術 ②

ゴム製ストラップで完全固定。

コンテナの固定はゴム製のTITAN STRAPSを巻いてぴっちりロック。キャリアからの脱着も簡単なので、テントの前室ですべてのパッキングも可能だ。

収納術 ③

優秀なクッカーは収納力も抜群。

PAAGOWORKSのトレイルポットS1200P。角型なのでコンテナに収まりがよく、このクッカーの中にバーナー、ガス缶、カップ他、調理に必要な道具がすべて収納される。

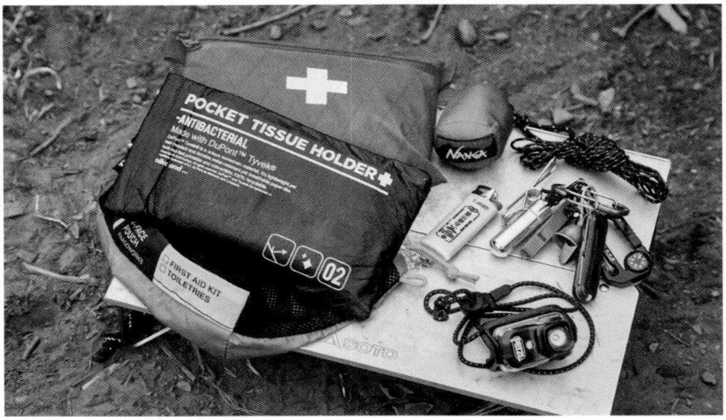

収納術 ④

2ルーム構造サックで小物収納をコンパクトに。

PAAGOWORKSのダブルフェイスポーチはメッシュとナイロンの2ルーム構造で、効率的な収納が可能。メッシュ側にファーストエイドキットやティッシュホルダー、ナイロン側に細々した小物を。

マット本体を大胆にくり抜いたロフトポケットが軽量かつ保温性を高めてくれるKLYMITのイナーシャオゾンは、全身用マットながらコンパクトに収納可能。夏はOMMのシュラフを愛用。

サイトレイアウト

モノトーンレイアウトは さながら忍びの住処。

PAAGOWORKSのニンジャテントが映えるサイトレイアウトは、さながら忍びの住処のよう。2本のポールを跳ね上げて前室を作っているので、テントのサイズ以上に余裕のある居住スペースを確保できている。

調理道具は収納性が大事。

軽量キャンパー御用達のテーブル、SOTOフィールドホッパーの卓上には、キャンプ飯に必須の道具類たち。SOTOのレギュレーターストーブ、ガス缶、SEA TO SUMMITのX-カップやカトラリー、Victorinoxのナイフ、オイルボトルなど。テーブル以外はすべて右のクッカーに収まる。

座椅子にはTherm-a-Restのマットを混入。

地べたに座るスタイルが好きな桜井さんはチェアではなく座椅子を選択。mont-bellのシートホルダーにTherm-a-Restのマットを切って入れ込めば快適な座り心地に。

コンパクトかつ優秀過ぎる焚き火台。

焚き火台として最軽量クラスの275gのニンジャファイヤースタンドソロ。小さいのに安定感があり、袋に収納したときの長辺がコンテナボックスのサイズにぴったり。

ロマン枠としてクラシックなランタンも。

手前は今や販売されていないフォレストヒルキャンドルランタン。コンパクトなうえにクラシックな佇まいも魅力。「軽量というよりはロマン枠。ずっと使っています」。

前室跳ね上げのポールは三つ折り式。

前室跳ね上げに必要な2本のポールはANTCAUSのカーボンファイバーマルチ テントポールを使用。「小さなコンテナボックスに入るポールはこれしかなかった！」。

キャンプ飯

レトルトで作る ワンパクごはん。

キャンプ飯は「湯煎レトルトだけでも組み合わせ次第で美味しいご飯ができます」という桜井さん定番のライスサラダ。ここで活躍するは鍋、皿、フライパンの3役をこなせるPAAGOWORKSトレイルポットS1200Pだ。

湯煎したサトウのごはんとミートボールにカットレタスをあえるだけ。ミートボールのソースとドレッシングが絡み合い、これが抜群に美味しい！

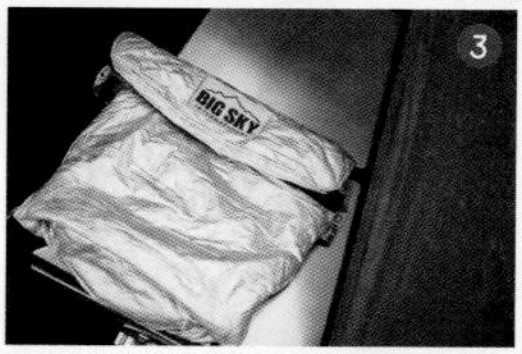

❶キャンプ場近くのコンビニで購入した食材たちはISUKAのコンパクトクーラーに入れておく。❷クッカーで湯を沸かしてミートボールとサトウのごはんを順番に湯煎。❸先に湯煎したものをコジーに入れて保温状態をキープ。❹ご飯に野菜、ミートボールを混ぜて、最後はドレッシングをかけて出来上がり。

主な調理道具

・クッカー
PAAGOWORKS
トレイルポットS1200P
・バーナー
SOTO
ウインドマスター
・テーブル
SOTOフィールドホッパー
・コジー
BIGSKY
インシュライトポーチ
・クーラーバッグ
ISUKAコンパクトクーラーバッグ

PAAGOWORKSニンジャテントの前室はゆったりしているので焚き火や調理も快適に作業できる。

チルアウト

焚き火をしながらしっぽりと。

食事を終えると、焚き火をしながら就寝までリラックス。明日はどこまでツーリングしようか、そんなことをぼんやりと考えながら、炎をじっと眺めているのが楽しい。

こんなときに重宝するのが、自社製品のニンジャファイヤースタンドソロ。超軽量ながら長辺35cmの火床は長い薪も使え、トップブリッジに純正のゴトクを置けば焚き火料理も楽しめる。調理で使用したトレイルポットしかりPAAGOWORKSの製品は複数の使い道ができるものが多い。桜井さんをはじめとするUL好きなスタッフの経験値が活かされているのだろう。

軽量で収納力に優れ、多様性に富んだもの。自社製品に限らず、桜井さんの道具選びは一貫している。「あとはコンテナボックスに入るかどうか。入れ物を決めて、それに収まるように道具を選ぶ……その準備が楽しいんです」。

1 

2 

3 

1 焚き火台はPAAGOWORKSのニンジャファイヤースタンドソロ。「火床の中心に火を置きたい」という几帳面さが桜井さんの性格を物語る。 2 焚き火台の付属品である火吹き棒で炎をコントロール。 3 テントから吊り下げるLEDランタンは、Goal Zeroライトハウスマイクロシリーズ。

＼ バックパックで行ってみたい！ ／

キャンプ場案内。

Campsite information

バックパックキャンパーなら一度は訪れてみたいキャンプ場を紹介。
なかには車を使わないと行くのが難しいキャンプ場もあるが、
絶景スポットはアクセスが悪いことが多いもの。
友人同士でレンタカーを割り勘するなどして旅気分で出かけよう。

北海道 旅人がこぞって訪れる湖岸のキャンプ場。

呼人浦キャンプ場

国道39号線と網走湖に挟まれたキャンプ場は、湖を望む最高のロケーション。コンビニやスーパー、日帰り温泉からも近く、北海道ツーリストにもオススメ。2輪はサイト脇の通路まで進入可能。

設備			
		洋式水洗トイレ	○
ペット	○	Wi-Fi	×
炊事場	○	薪の購入	×
給湯	×	売店	×
ゴミ捨て	×	シャワー	×

［備考］◇ペットは要リード　◇炊事場は一ヵ所
◇きれいなトイレも一ヵ所あり
◇2024年7月10日～8月4日の間は、
インターハイボート競技開催のため利用不可

住 北海道網走市字呼人　標高 0m　☎0152-44-6111（網走市観光課 内線303）
WEB https://visit-abashiri.jp/stay/eaa93bf7b3a6857316c87a59dd50e2d84a19357a.html　休 なし
営業期間 4月下旬～10月上旬　サイト形式 フリーサイト　予約 不要　料 無料　チェックイン時間 なし　チェックアウト時間 なし

最寄り情報
スーパー BASIC橋北店……車で約10分　コンビニ ローソン網走大曲店……車で約5分
温泉 ホテル網走湖荘……徒歩で約20分　駅 JR「網走」駅下車……徒歩で約60分
バス 「網走観光ホテル前」停留所下車……徒歩で約1分

北海道 最北端のキャンプ場はツーリング好きの聖地。

稚内森林公園キャンプ場

北海道最北端の稚内市街近くにあるキャンプ場。無料ながら整備が行き届いており市街からのアクセスも抜群。ツーリング好きから支持されている。駐車場からサイトまでは移動が大変なので軽量キャンパー向き。

設備			
		洋式水洗トイレ	○
ペット	○	Wi-Fi	×
炊事場	○	薪の購入	×
給湯	×	売店	×
ゴミ捨て	○	シャワー	×

［備考］
◇予約・入場手続き不要で、24時間自由に入退場が可能
◇ペットは要リード

住 北海道稚内市ヤムワッカナイ　標高 約90～95m　☎0162-23-6476（稚内市建設産業部農政課直通）
WEB https://www.city.wakkanai.hokkaido.jp/sangyo/norinsuisan/ringyo/sinrinkouenkyanpu.html　休 なし
営業期間 5月1日～10月31日　サイト形式 フリーサイト　予約 不要　料 無料　チェックイン時間 なし　チェックアウト時間 なし

最寄り情報
スーパー 相沢食料百貨店……徒歩で約40分　コンビニ セイコーマート稚内駅前店……徒歩で約40分
温泉 ヤムワッカナイ温泉　港のゆ……徒歩で約50分　駅 JR「稚内」駅下車……徒歩で約40分
バス 「宝来2丁目」停留所下車……徒歩で約30分

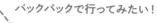

北海道　湖畔アクティビティも存分に楽しめる。

塘路元村キャンプ場

釧路湿原国立公園の一部となっている塘路湖のほとりにあるキャンプ場は、カヌーやわかさぎ釣りなど湖畔のアクティビティを存分に楽しめる。近くに食料品店はないため、道中で買い物は済ませてしまおう。

設備			
		洋式水洗トイレ	○
ペット	○	Wi-Fi	×
炊事場	○	薪の購入	×
給湯	×	売店	×
ゴミ捨て	○	シャワー	×

［備考］
◇ペットは受付時に申し出が必要。要リード
◇分別収集のため、受付時に標茶町指定のゴミ袋を購入

住 北海道川上郡標茶町塘路原野北8線169　標高 ―　☎015-487-2172
WEB なし　休 なし　営業期間 5月1日～10月31日　サイト形式 フリーサイト　予約 不要　料 ¥380　※大人1人テント一泊
チェックイン時間 9:00～17:00　チェックアウト時間 9:00～17:00

最寄り情報
スーパー スーパーフクハラ……車で約20分　コンビニ セブンイレブン標茶開運店……車で約20分
温泉 テレーノ氣仙……車で約20分　駅 JR「塘路」駅下車……徒歩で約10分
バス ―

北海道　湖畔そばにテントが張れる絶景ロケーション。

和琴湖畔キャンプフィールド

湖畔に面したすぐそばにテントが張れるため、屈斜路湖の絶景が間近で拝めるキャンプフィールド。すべて区画サイトなのでゆったりと過ごせるのも嬉しい。夕方は美幌峠に沈む夕焼けも堪能できる。

設備			
		洋式水洗トイレ	○
ペット	△	Wi-Fi	×
炊事場	○	薪の購入	○
給湯	×	売店	△
ゴミ捨て	○	シャワー	×

［備考］
◇犬のみペットOK
◇売店は消耗品程度。食料品などはなし

住 北海道川上郡弟子屈町 和琴半島　標高 ―　☎HPより問い合わせ
WEB https://outdoorfield-ehabwakoto.amebaownd.com　休 なし　営業期間 4月～2月　サイト形式 区画サイト　予約 必要
料 ¥1,100　※大人1人テント一泊　チェックイン時間 13:00　チェックアウト時間 11:00（延長あり）

最寄り情報
スーパー フクハラ摩周店……車で約20分　コンビニ セイコーマート川湯店……車で約20分
温泉 川湯温泉地区にたくさんあり……車で約20分　駅 JR「摩周」駅下車
バス 阿寒バス「屈斜路線」（土日運休）で「和琴半島」停留所下車……徒歩で約5分

北海道　モトキャンパー専用の低価格料金が嬉しい。

兜沼公園キャンプ場

水鳥の飛来地として知られる兜沼のほとりの自然公園内にあるキャンプ場は、自然がそのまま活かされた気持ちの良い空間。モトキャンパー専用の低価格料金が設けられているのでツーリストに人気あり。

設備			
		洋式水洗トイレ	○
ペット	×	Wi-Fi	○
炊事場	○	薪の購入	○
給湯	×	売店	○
ゴミ捨て	○	シャワー	○

［備考］
◇バイクは場内通路に横付けOK
◇シャワーやコインランドリーはあり

住 北海道天塩郡豊富町字兜沼　標高 10.7m　☎0162-84-2600
WEB https://kabutonuma-camp.com　休 なし　営業期間 5月～9月　サイト形式 フリーサイト　予約 必要
料 ¥520　※大人1人テント一泊　チェックイン時間 13:00　チェックアウト時間 10:00

最寄り情報
スーパー タイムリーイトウ……車で約20分　コンビニ セイコーマート エベコロ店……車で約20分
温泉 ふれあいセンター……車で約30分　駅 JR「兜沼」駅下車……徒歩で約10分
バス ―

北海道	湖岸道路沿い。湖畔と最高の夕陽を堪能できる。

クッチャロ湖畔キャンプ場

北オホーツクの北海道浜頓別町、クッチャロ湖の湖畔にあるキャンプ場。湖岸道路を隔てて湖が広がり、芝生のテントサイトから優美な夕日を眺められる。湖岸道路沿いなのでモトキャンパーに人気のスポット。

設備		洋式水洗トイレ	○
ペット	○	Wi-Fi	○
炊事場	○	薪の購入	×
給湯	×	売店	○
ゴミ捨て	○	シャワー	○

［備考］
◇ペットは要リード。
また白鳥飛来時期の4、5、10月は
ペットの散歩不可

住 北海道枝幸郡浜頓別町クッチャロ湖畔40番地　標高 10m　☎01634-2-4141（はまとんべつ温泉ウイング）
WEB http://www.town.hamatonbetsu.hokkaido.jp/tourism/detail.php?content=574　休 なし
営業期間 4月下旬～10月末　サイト形式 フリーサイト　予約 不要　料 ¥400　※大人1人テント一泊
チェックイン時間 12:00～19:00（4、5、10月）、10:00～19:00（6～9月）　チェックアウト時間 なし

最寄り情報
スーパー スーパーなかむら……徒歩で約20分　コンビニ セイコーマート緑ヶ丘店……徒歩で約20分
温泉 はまとんべつ温泉ウイング……徒歩で約5分　駅 JR「音威子府」駅から宗谷バスに乗り換え
バス 「浜頓別」バスターミナル……徒歩で約20分

青森県	天然芝サイトからの太平洋の眺めは格別。

種差キャンプ場

種差海岸唯一のキャンプ場。天然芝上にテントを張ることができ、眼前に広がる太平洋や月夜の眺めは格別。キャンプ場から葦毛崎展望台まで5.2kmの遊歩道が整備され、季節ごとに咲く草花の観賞も楽しめる。

設備		洋式水洗トイレ	○
ペット	×	Wi-Fi	×
炊事場	○	薪の購入	×
給湯	×	売店	×
ゴミ捨て	×	シャワー	×

［備考］
◇料金はテントの大きさによって異なる
◇ペット同伴のキャンプ場利用は不可

住 青森県八戸市鮫町赤コウ5-4　標高 15m（場所により異なる）　☎0178-51-8500　WEB なし　休 なし
営業期間 4月上旬～11月中旬　サイト形式 フリーサイト　予約 必要　料 ¥500　※大人1人テント一泊（ソロテント）
チェックイン時間 10:00　チェックアウト時間 10:00

最寄り情報
スーパー マエダストア、ユニバース……車で約15分
コンビニ ミニストップ……車で約10分　温泉 野馬の湯……車で約10分
駅 JR「種差海岸」駅下車……徒歩で約5分　バス 八戸市営バス「種差海岸インフォメーションセンター」停留所下車……すぐ

岩手県	夜は静寂と潮騒を感じながら。

北侍浜野営場

南部アカマツの林に囲まれた海の見えるキャンプ場は、潮騒を感じながらキャンプを楽しめる。みちのく潮風トレイルのコースでもあり、近くには見晴らしの良い展望所やキャンプ場と岩場を利用した海水プールも。

設備		洋式水洗トイレ	○
ペット	×	Wi-Fi	×
炊事場	○	薪の購入	×
給湯	×	売店	×
ゴミ捨て	×	シャワー	○

［備考］
◇炊事場は2ヵ所、トイレ3ヵ所
◇簡易シャワーは3分¥100

住 岩手県久慈市侍浜町向町　標高 32.7m　☎0194-58-3855
WEB https://www.city.kuji.iwate.jp/kanko/kanko/kitasamuraihama.html　休 なし　営業期間 7月～9月末　サイト形式 フリーサイト
予約 不要　料 清掃協力金¥200　※大人1人テント一泊　チェックイン時間 予約受付時に確認　チェックアウト時間 予約受付時に確認

最寄り情報
スーパー ユニバース……車で約20分　コンビニ ローソン久慈湊町店……車で約20分
温泉 新山根温泉べっぴんの湯……車で約45分　駅 JR「侍浜」駅下車……車で約13分
バス 「横沼」停留所下車……徒歩で約20分

長野県　雄大な戸隠連峰に囲まれた高原キャンプ場。

戸隠イースタンキャンプ場

北西に戸隠連峰、南東に飯綱山の険しくも雄大な大自然に囲まれたキャンプ場。シラカバとカラマツの群生地で、夏にはシラカバの白い木肌が、晩秋には色づくカラマツが美しく、四季折々高原ならではの大自然を満喫できる。夏でも涼しく快適なので、ハンモックキャンパーにも人気があるスポットだ。

設備			
		洋式水洗トイレ	○
ペット	△	Wi-Fi	△
炊事場	△	薪の購入	○
給湯	×	売店	○
ゴミ捨て	○	シャワー	○

［備考］
◇ペット入場は様々な条件あり
◇炊事場は共用の野外炉
◇Wi-Fiは管理棟周辺のみ

住 長野県長野市戸隠 戸隠山国有林内　標高 約1200m　☎026-254-2125　WEB http://www.shinsyu-ringyou.com
休 なし　営業期間 4月下旬～11月上旬　サイト形式 フリーサイト/区画サイト　予約 必要　料 ¥1,300～　※大人1人テント一泊
チェックイン時間 8:30（フリーサイト）、12:00（区画サイト）　チェックアウト時間 16:30（フリーサイト）、12:00（区画サイト）

最寄り情報
スーパー 第一スーパー古間店……車で約20分　コンビニ セブンイレブン古間店……車で約20分
温泉 神告げ温泉……車で約10分　駅 JR「長野」駅からバス停「善光寺口」7番乗り場へ
バス 「戸隠キャンプ場」停留所下車……徒歩で約1分

長野県　日本一星空がきれいな楽園フィールド。

銀河もみじキャンプ場

全国星空継続観察において「星が最も輝いて見える場所」第1位に認定されている日本で最も美しい星空が堪能できるキャンプ場。環境が異なる複数のエリアが存在し、真夏でも日中は20°C前後と過ごしやすく、夜は自然の静寂をたっぷり堪能できる。夜になると気温が下がるので夏場でも長袖のご用意を。

設備			
		洋式水洗トイレ	○
ペット	○	Wi-Fi	△
炊事場	○	薪の購入	○
給湯	○	売店	○
ゴミ捨て	○	シャワー	○

［備考］
◇ペットは要リード
◇炊事場1ヵ所のみ、給湯器あり
◇Wi-Fiは管理棟周辺のみ

住 長野県下伊那郡阿智村浪合1771-1　標高 約1200m　☎0265-47-2777　WEB https://gingamomiji.org/wp
休 毎月第2、第4水曜日　営業期間 3月4日～12月3日　サイト形式 区画サイト　予約 必要　料 ¥2,000～¥8,000（テントサイト）
チェックイン時間 13:00～16:30　チェックアウト時間 11:00（テントサイト）

最寄り情報
スーパー スーパーピア、Aコープラック阿智店……車で約20分
コンビニ ファミリーマート昼神店、阿智駒場のローソン……車で約20分
温泉 昼神温泉郷……車で約20分、平谷村ひまわりの湯……車で約15分　駅 JR「飯田」駅からバスに乗り換え
バス 信南交通バスに乗り「こまんば」停留所でコミュニティバス浪合巡回に乗り継ぎ「二又」停留所下車……徒歩で約10分

山梨県　林間に囲まれたハンモックキャンパーの聖地。

月尾根自然の森キャンプ場

ハンモックの聖地といわれる林間キャンプ場は、静かでゆったり過ごせるためソロキャンパーがこぞって訪れる。最寄り駅から徒歩圏内とアクセスが良く、キャンプ場から10分歩くと倉岳山の登山口に到着する。

設備			
洋式水洗トイレ	○	ペット	○
Wi-Fi	○	炊事場	×
薪の購入	○	給湯	×
売店	×	ゴミ捨て	×
シャワー	○		

［備考］
◇ペットは要リード

住 山梨県大月市梁川町立野106　標高 約500m　☎0554-26-2746
WEB なし　休 なし　営業期間 4月～11月　サイト形式 フリーサイト　予約 必要　料 ¥1,500　※大人1人テント一泊
チェックイン時間 9:00　チェックアウト時間 11:00

最寄り情報
スーパー なし　コンビニ なし
温泉 なし　駅 JR「梁川」駅下車……徒歩で約15分
バス —

山梨県　お札にもなった絶景の富士山が拝める。

浩庵キャンプ場

国内最高峰の透明度を誇る本栖湖半北岸に位置し、富士山も真正面から拝めるロケーション。カヤック、カナディアンカヌー、ウインドサーフィン、SUPなど様々なウォーターアクティビティのレンタルも可能。

設備			
洋式水洗トイレ	○	ペット	○
Wi-Fi	△	炊事場	○
薪の購入	○	給湯	×
売店	○	ゴミ捨て	×
シャワー	○		

［備考］
◇ペットは要リード。しっかりと管理をすること
◇Wi-Fiは本館のみ可能

住 山梨県南巨摩郡身延町中ノ倉2926　標高 約900m　☎0556-38-0117
WEB https://kouan-motosuko.com　休 なし　営業期間 通年営業　サイト形式 フリーサイト　予約 必要
料 ¥900+テント1張¥1,200、タープ1張¥700　※大人1人一泊　チェックイン時間 予約時間以降　チェックアウト時間 10:00

最寄り情報
スーパー フォレストモール……車で約30分　コンビニ セブンイレブン……車で約30分
温泉 ゆらり……車で約30分　駅 JR「川口湖」駅下車……車で約30分
バス 富士急行バスで「本栖湖入口」停留所下車……徒歩で約60分

茨城県　日本の名松百選に選ばれた松林が見所。

大洗キャンプ場

森林浴の森日本百選、日本の名松百選に選ばれた松林に囲まれ、充実したアウトドアを満喫できるキャンプ場。広大なフリーサイトは保護をすればハンモックの使用も可能。バイクはテントサイトへの乗り入れ可能。

設備			
洋式水洗トイレ	○	ペット	○
Wi-Fi	△	炊事場	○
薪の購入	○	給湯	○
売店	○	ゴミ捨て	○
シャワー	○		

［備考］
◇ペットは要リード
◇Wi-Fiは管理棟周辺のみ可能

住 茨城県東茨城郡大洗町磯浜町8231-4　標高 約40m　☎029-212-3121　WEB https://www.oarai-camp.jp
休 なし　営業期間 通年営業　サイト形式 フリーサイト　予約 必要　料 ¥1,200（繁忙期¥1,800）　※大人1人テント一泊
チェックイン時間 13:00（早着11:00）　チェックアウト時間 10:00（延長11:00）

最寄り情報
スーパー セイブ……徒歩で約5分　コンビニ ローソン……徒歩で約5分
温泉 ゆっくら健康館……徒歩で約30分　駅 大洗鹿島線「大洗」駅下車……徒歩で約30分
バス 「幕末と明治の博物館前」停留所下車……徒歩で約30秒

栃木県　**中禅寺湖を望む栃木県唯一の湖畔キャンプ場。**

菖蒲ヶ浜キャンプ場

日本屈指の標高を誇る中禅寺湖を臨む湖畔キャンプ場。湖畔サイトが特に人気で、7～8月限定の林間サイトも木陰が多く心地良い空間。当日受付のみのため、良い場所を確保するなら8:00から並ぶ必要あり。

設備		洋式水洗トイレ	○
ペット	○	Wi-Fi	×
炊事場	○	薪の購入	○
給湯	×	売店	○
ゴミ捨て	○	シャワー	×

［備考］
◇ペットは入場ルールあり。管理人の指示に従うこと

住 栃木県日光市中宮祠2485　標高 約1000m　☎0288-55-0227
WEB http://www.shoubugahama.co.jp　休 なし　営業期間 4月下旬～10月下旬　サイト形式 フリーサイト　予約 当日受付のみ
料 ¥2,800（13:00以前）、¥2,000（13:00以降）　チェックイン時間 13:00（早着は日により異なる）　チェックアウト時間 11:00

最寄り情報
スーパー みむらや……車で約10分　コンビニ なし
温泉 湯元温泉……車で約10分　駅 JR「日光」駅、東武日光線「東武日光」駅からバスに乗り換え
バス 東武バス「奥日光湯元温泉行き」で「菖蒲遊覧船発着所」停留所下車……徒歩で約3分

栃木県　**標高1500mの高原。湯元温泉もお楽しみ。**

日光湯元キャンプ場

ゲレンデを利用した広々とした高原キャンプ場。標高が高いため夏でもかなり涼しく、山々に囲まれながら静かに過ごせる環境が醍醐味。山を下りれば湯元温泉街なので、帰りがけに温泉に立ち寄るのもお楽しみ。

設備		洋式水洗トイレ	○
ペット	×	Wi-Fi	×
炊事場	○	薪の購入	○
給湯	×	売店	○
ゴミ捨て	×	シャワー	×

［備考］◇ゴミは焼却灰含めすべて持ち帰り　◇薪は湯元ビジターセンターで販売　◇周辺ホテルで日帰り入浴あり　◇湯元ビジターセンターでインスタント食品を販売

住 栃木県日光市湯元　標高 約1500m　☎0288-62-2321（日光湯元ビジターセンター）
WEB http://www.nikkoyumoto-vc.com/guide　休 なし　営業期間 5月～11月上旬（水道の凍結や雪の影響により変動あり）
サイト形式 フリーサイト　予約 当日受付のみ　料 ¥1,000　※大人1人テント一泊　チェックイン時間 9:00　チェックアウト時間 12:00

最寄り情報
スーパー みむらや……車で約20分　コンビニ なし
温泉 温泉地のため旅館・ホテルが複数点在　駅 JR「日光」駅、東武日光線「東武日光」駅からバスに乗り換え
バス 東武バス「奥日光湯元温泉行き」で「湖畔前」停留所下車……徒歩で約10分

埼玉県　**嵐山渓谷で古くから続く老舗キャンプ場。**

月川荘キャンプ場

紅葉の名所である嵐山渓谷の中にあるキャンプ場は、昭和31年から続く個人経営の老舗。嵐山渓谷を流れる槻川の両岸にサイトフィールドが広がり、川遊びも人気。最寄り駅から徒歩45分と道中も楽しめる。

設備		洋式水洗トイレ	○
ペット	○	Wi-Fi	△
炊事場	○	薪の購入	○
給湯	×	売店	○
ゴミ捨て	×	シャワー	×

［備考］
◇ペットは要リード
◇炊事場のかまどは有料
◇旅館も併設されているが、現在は休業中

住 埼玉県比企郡嵐山町大字鎌形2604　標高 約100～170m　☎0493-62-2250　WEB https://tukigawasou.jimdofree.com
休 なし　営業期間 通年営業（年末年始は除く）　サイト形式 フリーサイト　予約 不要（バンガロー、レンタルテントは必要）
料 ¥1,200　※大人1人テント一泊　チェックイン時間 10:00～17:00　チェックアウト時間 10:00

最寄り情報
スーパー スーパーヤオコー……徒歩で約30分　コンビニ ファミリーマート……徒歩で約30分
温泉 湯郷玉川（玉川温泉）……車で約11分　駅 東武東上線「嵐山」駅下車……徒歩で約45分
バス 不定期で巡回バスあり

東京都 **東京に残る秘境。河原では直火OK。**

氷川キャンプ場

都心から2時間半ほどで着く奥多摩の大自然を満喫できるキャンプ場。氷川渓谷の谷間にあり、山々に囲まれているのでとても静かな環境。河原フリーサイトでは直火可能。駅から近いので電車派にオススメ。

設備			
		洋式水洗トイレ	○
ペット	×	Wi-Fi	×
炊事場	○	薪の購入	○
給湯	×	売店	○
ゴミ捨て	○	シャワー	○

[備考]
◇コインシャワーあり
◇河原では直火OK

住 東京都西多摩郡奥多摩町氷川702 標高 約40m ☎0428-83-2134
WEB https://www.okutamas.co.jp 休 なし 営業期間 通年営業（年末年始は除く） サイト形式 フリーサイト 予約 必要
料 ¥2,000（GW・夏¥2,500）※大人1人テント一泊 チェックイン時間 8:30〜16:00 チェックアウト時間 12:00

最寄り情報
スーパー なし コンビニ タイムズマート……徒歩で約5分
温泉 もえぎの湯……徒歩で約15分 駅 JR「奥多摩」駅下車……徒歩で約5分
バス —

神奈川県 **徒歩来訪のソロ派にも大人気。**

滝沢園キャンプ場

富士山の東側、丹沢山の麓にあるキャンプ場は、バックパックキャンパー間で人気スポット。敷地内を流れる水無川は夏の水遊びにも最適。オートサイトもあるが、フリーサイトが広く河原と林間の両方を楽しめる。

設備			
		洋式水洗トイレ	○
ペット	○	Wi-Fi	×
炊事場	○	薪の購入	○
給湯	×	売店	○
ゴミ捨て	○	シャワー	○

[備考]
◇オートサイトは区画、それ以外はフリーサイト
◇ペットは要リード
◇ゴミ捨てはできるが細かいルール厳守

住 神奈川県秦野市戸川1445 標高 約270m ☎0463-75-0900 WEB http://takizawaen.com 休 なし
営業期間 通年営業 サイト形式 フリーサイト、区画サイト（オートサイト） 予約 必要（電話のみ）
料 ¥1,100 ※大人1人テント一泊 チェックイン時間 13:00 チェックアウト時間 10:00

最寄り情報
スーパー スーパーマム……徒歩で約40分 コンビニ セブンイレブン……徒歩で約30分
温泉 なし 駅 小田急線「渋沢」駅からバスに乗り換え
バス 神奈川中央交通バス「大倉行き」で「大倉終点」下車……徒歩で約10分

千葉県 **個性溢れる5つのテントサイトで野営気分を。**

UMIKAZEキャンプ場

野営気分を味わえるキャンプ場。異なる特徴をもつ5つのテントサイトにはアニシナベ、イロコイなどネイティブアメリカンの部族の名前が付けられている。宙に浮いて寝泊りが楽しめる空中テントサイトも話題。

設備			
		洋式水洗トイレ	○
ペット	×	Wi-Fi	○
炊事場	○	薪の購入	○
給湯	×	売店	△
ゴミ捨て	○	シャワー	×

[備考]
◇炊事場は水道のみ ◇ゲストハウス利用や貸切の場合は室内設備あり
◇売店では薪、炭、焚き付けのみを販売

住 千葉県南房総市和田町仁我浦352-1 標高 — ✉info@umikazecamp.com
WEB https://umikazecamp.com 休 なし 営業期間 通年営業 サイト形式 区画サイト 予約 必要
料 ¥3,500 ※大人1人テント一泊（シーズンによって変更あり） チェックイン時間 13:00〜21:00 チェックアウト時間 11:00

最寄り情報
スーパー いづいち……徒歩で約15分、道の駅……徒歩で約7分 コンビニ ローソン……徒歩で約7分
温泉 車で30分以内に複数あり 駅 JR「和田浦」駅下車……徒歩で約6分
バス —

静岡県 山と海、そして温泉も堪能できる好立地。

宇佐美城山公園キャンプ場

平安末期の城跡に造られたキャンプ場は、宇佐美海水浴場すぐそばの好立地。伊東の街を一望できる位置にある海側サイトからの眺望は抜群。波の音を聞きながら静かな夜を過ごしたい人に最適。キャンプ場から徒歩5分ほどで海にたどり着くので、早朝の海辺散歩なども楽しみのひとつ。

設備			
洋式水洗トイレ	○		
ペット	○	Wi-Fi	○
炊事場	○	薪の購入	○
給湯	△	売店	△
ゴミ捨て	○	シャワー	○

［備考］
◇ペットは要リード
◇給湯は、オート&テントサイトにはあり、ソロサイトはなし
◇ゴミ捨ては有料（¥500）
◇売店は自動販売機のみ

住 静岡県伊東市宇佐美1721-5　標高 37.2m　☎0557-48-6688　WEB なし
休 なし　営業期間 通年営業　サイト形式 区画サイト（ソロサイト6）　予約 必要　料 ¥4,100〜　※大人1人テント一泊
チェックイン時間 14:00　チェックアウト時間 12:00

最寄り情報
スーパー ナガヤ……徒歩で約8分　コンビニ ローソン……徒歩で約6分
温泉 宇佐美温泉（キャンプ場内）　駅 JR「宇佐美」駅下車……徒歩で約12分
バス —

静岡県 ダブルダイヤモンド富士が拝める数少ない名所。

田貫湖キャンプ場

雄大な富士山の麓、朝霧高原の一角にある田貫湖の公営キャンプ場。晴れた日には富士山を間近で拝め、手前には田貫湖が広がるこれ以上ないロケーション。富士山頂から昇った朝日が湖面に反射した「ダブルダイヤモンド富士」が見られることでも有名。湖畔ではサイクリングやヘラブナ釣りも楽しめる。

設備			
洋式水洗トイレ	○		
ペット	○	Wi-Fi	×
炊事場	○	薪の購入	○
給湯	×	売店	○
ゴミ捨て	○	シャワー	○

［備考］
◇ペットは要リード
◇打ち上げ花火禁止
◇直火禁止

住 静岡県富士宮市佐折634-1　標高 650m　☎090-4234-8039　WEB https://tanukiko.com
休 なし　営業期間 通年営業　サイト形式 フリーサイト　予約 必要　料 ¥2,700　※大人1人テント一泊（大型テントは¥3,700）
チェックイン時間 受付時間中　チェックアウト時間 12:00（連休中は11:00）

最寄り情報
スーパー よどばしデイズ万野原店……車で約20分　コンビニ ファミリーマート……車で約10分
温泉 なし　駅 JR「富士宮」駅からバスに乗り換え
バス 休暇村行きバスで「田貫湖キャンプ場」下車……すぐ

岐阜県　**奥飛騨が育んだ温泉郷にあるキャンプ場。**

中部山岳国立公園　平湯キャンプ

登山文化の発祥の地である中部山岳国立公園内のキャンプ場。奥飛騨温泉郷平湯の入り口に位置し、自然のあるべき姿が残された絶好のロケーション。オートキャンプ場だがバス＆徒歩で行くことも可能。

設備			
		洋式水洗トイレ	○
ペット	○	Wi-Fi	×
炊事場	○	薪の購入	○
給湯	×	売店	○
ゴミ捨て	○	シャワー	×

［備考］
◇ペットは要リード　◇営業期間は積雪によって変更あり　◇お風呂はキャンプ場から徒歩で約10分のひらゆの森にあり

住 岐阜県高山市奥飛騨温泉郷平湯768-36　標高 約1300m　☎0578-89-2610　WEB https://www.hirayu-camp.com
休 なし　営業期間 4月中旬～11月15日　サイト形式 フリーサイト　予約 必要　料 ¥700　※大人1人テント一泊（車1台¥1,000、バイク1台¥300）　チェックイン時間 8:00　チェックアウト時間 12:00（延長17:00）

最寄り情報
スーパー Aコープ奥ひだ……車で約15分　コンビニ ローソン高山丹生川店……車で約30分
温泉 ひらゆの森……徒歩で約10分　駅 —
バス 平湯バスターミナルから「大滝口・キャンプ場前」停留所下車……徒歩で約3分

滋賀県　**琵琶湖湖畔はまるでプライベートビーチ。**

白浜荘オートキャンプ場

「全国渚百選」に選ばれた近江白浜にあるキャンプ場で、琵琶湖に面したエリアはまるでプライベートビーチ。松林ではハンモックを張ることが可能。オートキャンプ場だが近江高島駅から歩ける距離なのも嬉しい。

設備			
		洋式水洗トイレ	○
ペット	○	Wi-Fi	○
炊事場	○	薪の購入	○
給湯	△	売店	○
ゴミ捨て	○	シャワー	○

［備考］◇ペットは要リード　◇給湯はないが湯の出る蛇口3ヵ所あり　◇トイレはウォシュレット付き　◇売店とお風呂は隣接する旅館「白浜荘」にあり

住 滋賀県高島市安曇川町下小川2300　標高 86m　☎0740-32-4333　WEB https://www.biwako-camp.net　休 なし
営業期間 通年営業　サイト形式 区画サイト（ソロサイトあり）　予約 必要　料 ¥2,500円～（ソロサイト）　※大人1人テント一泊
チェックイン時間 13:00（早着10:00）　チェックアウト時間 12:00（延長17:00）

最寄り情報
スーパー 平和堂……車で約8分　コンビニ セブンイレブン他……車で約8分
温泉 白浜荘本館に露天ラジウム風呂あり
駅 JR「近江高島」駅下車……徒歩で約40分　バス —

京都府　**計6サイト。市街地からのアクセスも◎。**

末山・くつわ池自然公園

末山・くつわ池自然公園内にあるテント泊ができるスペース。山々に囲まれた地域だが、市街地からのアクセスは良好。計6サイトあるが、第一キャンプ場のみ車の横付けが不可で、ソロ及びモトキャンパー向け。

設備			
		洋式水洗トイレ	×
ペット	○	Wi-Fi	×
炊事場	○	薪の購入	○
給湯	×	売店	×
ゴミ捨て	×	シャワー	○

［備考］◇ペットは要リード　◇オートキャンプ場、壁画エリア、みどりの広場、芝生の広場、魔女の家エリア、第一キャンプ場の計6サイト　◇第一キャンプ場のみ車の横付け不可

住 京都府綴喜郡宇治田原町郷之口末山3　標高 261m　☎0774-88-3895　WEB https://www.instagram.com/kutsuwaike（Instagram）
休 なし（年末年始は除く）　営業期間 通年営業　サイト形式 フリーサイト（6種類のサイト）　予約 当日受付のみ
料 ¥1,500　※大人1人テント一泊　チェックイン時間 8:30　チェックアウト時間 10:00

最寄り情報
スーパー サンフレッシュ……車で約10分　コンビニ セブンイレブン宇治田原郷之店……車で約10分
温泉 上方温泉一休京都本館……車で約10分　駅 京阪宇治線「宇治」駅、JR「宇治」駅からバスに乗り換え
バス 京都京阪バス「維中前行き」「緑苑坂行き」「工業団地行き」で「くつわ池」停留所下車……すぐ

兵庫県 バックパッカー用のサイトもあり。

牧野キャンプ場

山間に面した自然豊かなキャンプ場は、山の麓からキャンプ場の上部までどこでも利用できて料金もリーズナブル。神戸や大阪からのアクセスが良く、バックパッカー用のサイトも用意されているのも嬉しい。

設備		洋式水洗トイレ	○
ペット	○	Wi-Fi	×
炊事場	○	薪の購入	○
給湯	×	売店	○
ゴミ捨て	×	シャワー	△

［備考］
◇ペットは要リード
◇予約状況はInstagramをチェック
◇夏場のみ無料で温水シャワー使用可

住 兵庫県姫路市山田町牧野701-3　標高 ―　☎070-4377-6909　WEB なし　休 なし　営業期間 4月1日～12月15日
サイト形式 フリーサイト　予約 必要（070-4377-6909のショートメールにて）　料 ¥1,000　※大人1人テント一泊
チェックイン時間 8:00～19:00　チェックアウト時間 14:00

最寄り情報
スーパー マックスバリュー……車で約10分　コンビニ セブンイレブン……徒歩で約50分
温泉 香寺荘　竹取の湯……車で約25分　駅 JR「香呂」駅下車……徒歩で約60分
バス 神姫バスで「牧野」停留所下車……徒歩で約10分

愛媛県 パノラマ景色と四国カルストが生む非日常空間。

姫鶴平キャンプ場

360度広がるパノラマ景色を堪能できる四国屈指の絶景キャンプ場。白い岩肌の石灰岩が点在する四国カルストの中にあり、他では味わえない異空間へトリップ。朝日は神々しく、満天の星も存分に楽しめる。

設備		洋式水洗トイレ	△
ペット	○	Wi-Fi	×
炊事場	○	薪の購入	×
給湯	×	売店	○
ゴミ捨て	×	シャワー	×

［備考］
◇ペットは要リード
◇トイレは女子のみ洋式

住 愛媛県上浮穴郡久万高原町西谷8117　標高 約1300m　☎0892-55-0057　WEB https://yanadani-skk.jp
休 なし（姫鶴荘は火曜日が定休日のため、夜間受付口にて受付）　営業期間 4月～11月下旬　サイト形式 フリーサイト
予約 当日受付のみ　料 ¥500（1張）　※大人1人テント一泊　チェックイン時間 なし　チェックアウト時間 なし

最寄り情報
スーパー 松山生協……車で約60分　コンビニ ファミリーマート……車で約60分
温泉 雲の上温泉……車で約45分　IC 松山ICから約2時間
バス 「落出」停留所下車……車で約35分

愛媛県 車では行けない無人島の自然公園。

見近島自然公園

今治市芸予諸島の無人島「見近島」にある自然公園では、無料でキャンプが可能。徒歩か自転車、または125cc以下の原付バイクでしか行くことができないため、バックパッカー向きのスポット。

設備		洋式水洗トイレ	△
ペット	○	Wi-Fi	×
炊事場	△	薪の購入	×
給湯	×	売店	×
ゴミ捨て	×	シャワー	×

［備考］◇決められた場所以外はキャンプ禁止
◇ペットは要リード　◇炊事場は野営場のみ
◇洋式水洗トイレは北側男子トイレのみ
◇火気は極力控える（直火・焚き火マット不可）

住 愛媛県今治市宮窪町宮窪　標高 ―　☎0897-86-2500（今治市役所 宮窪支所 住民サービス課）
WEB 今治市HP観光情報内に掲載　休 なし　営業期間 通年営業　サイト形式 フリーサイト
（決められた場所以外のキャンプ利用は禁止）　予約 不要　料 無料　チェックイン時間 なし　チェックアウト時間 なし

最寄り情報
スーパー ザグザグ（伯方島）……徒歩で約15分　コンビニ ローソン（伯方島）……徒歩で約12分
温泉 なし　駅 しまなみライナーで「伯方島BS」からバスに乗り換え　バス 島内バス伯方島循環線（北浦回り）で「浜ノ上」停留所下車……徒歩で約10分

熊本県　阿蘇の山々を一望できる「天空のキャンプ場」。

ゴンドーシャロレーオートキャンプ場

「天空のキャンプ場」と評される熊本屈指の絶景キャンプ場。阿蘇五岳や九重連山を一望できる見晴らしの良さは絶品。車以外のアクセスは厳しいので、飛行機で移動するキャンパーはレンタカー利用を。

設備			
洋式水洗トイレ	○		
ペット	○	Wi-Fi	×
炊事場	○	薪の購入	○
給湯	×	売店	○
ゴミ捨て	○	シャワー	×

［備考］
◇ペットは要リード
◇各サイトに炊事用の流しあり

住 熊本県阿蘇郡南小国町大字満願寺6338　標高 約900～950m　☎0967-44-0316　WEB www.gondo-cr.net
休 不定休　営業期間 通年営業　サイト形式 フリーサイト/区画サイト　予約 必要（電話のみ）
料 ¥1,800　※大人1人テント一泊　チェックイン時間 13:00　チェックアウト時間 11:00

最寄り情報
スーパー マルミヤ・フレイン……車で約15分　コンビニ ファミリーマート……車で約20分
温泉 黒川温泉……車で約10分　IC 熊本ICから約1時間半、大宰府ICから約2時間半
バス 「黒川」停留所下車……車で約10分

長崎県　穏やかな大村湾に面したフリーサイト。

大崎キャンプ場

大村湾を眺めながらキャンプができるキャンプ場。内海で波が穏やかなので、キャンプ場にいながらリゾート気分を満喫できる。車の横付け不可のフリーサイトだが、同敷地内に「大崎オートキャンプ場」もあり。

設備			
洋式水洗トイレ	○		
ペット	○	Wi-Fi	△
炊事場	○	薪の購入	○
給湯	×	売店	×
ゴミ捨て	○	シャワー	×

［備考］
◇ペットは要リード
◇ゴミ捨ては分別ルールあり
◇オートキャンプのみフリーWi-Fi利用可能

住 長崎県東彼杵郡川棚町三越郷499-18　標高 ―　☎0956-83-3210　WEB https://kankou-kawatana.jp　休 なし
営業期間 通年営業　サイト形式 フリーサイト　予約 必要（電話にて）
料 ¥600　※大人1人テント一泊　チェックイン時間 13:00　チェックアウト時間 11:00

最寄り情報
スーパー エレナ……車で約12分　コンビニ ローソン……車で約10分
温泉 川棚大崎温泉しおさいの湯……徒歩で約10分　駅 JR「川棚」駅下車……車で約15分
IC 東彼杵ICから約40分

大分県　九重連山トレッキングの休憩地としても。

坊ガツルキャンプ場

九重連山に囲まれ、四季の大自然を満喫できるキャンプ場は、トレッキングとキャンプを楽しみたい人に最適。毎年、野焼きが行われるので高い木がなく見晴らしは抜群。夜はきれいな星空を眺めることができる。

設備			
洋式水洗トイレ	×		
ペット	×	Wi-Fi	×
炊事場	○	薪の購入	×
給湯	×	売店	○
ゴミ捨て	×	シャワー	×

［備考］
車で進めるのは吉部登山口まで。
そこから坊ガツルキャンプ場までは
徒歩で約60分

住 大分県竹田市久住町大字有氏1783　標高 約1200m　☎0974-76-1111
WEB なし　休 なし　営業期間 通年営業
サイト形式 フリーサイト　予約 不要　料 無料　チェックイン時間 なし　チェックアウト時間 なし

最寄り情報
スーパー 高原ショップ小野……吉部登山口から車で約10分
コンビニ セブンイレブン九重インター店……吉部登山口から車で約30分　温泉 法華院温泉……徒歩で約15分
駅 JR「豊後竹田」駅下車……吉部登山口まで車で約90分　IC 九重ICから吉部登山口まで約40分

大分県　四季折々の表情を見せる志高湖はまるで別世界。

RECAMP 別府志高湖

設備			
		洋式水洗トイレ	○
ペット	○	Wi-Fi	△
炊事場	○	薪の購入	○
給湯	○	売店	○
ゴミ捨て	○	シャワー	×

阿蘇くじゅう国立公園内にあるRECAMP別府志高湖は360° 山々に囲まれ、その中心の志高湖は別世界の美しさ。春は新緑を、冬ならば雪中キャンプを楽しめるなど、四季折々の景観を見せ、テントを張る場所によっても景色が異なるので何度でも訪れたくなる。湖畔は散歩するだけでも気持ちが良い。

[備考]
◇ペットは要リード
◇ゴミ捨ては
リサイクル回収
1回¥300
◇管理棟のみ
フリーWi-Fi利用可能

住 大分県別府市東山4380-1　標高 約600m　☎—　WEB https://www.recamp.co.jp/recamp別府志高湖　休 不定休
営業期間 通年営業　サイト形式 フリーサイト/フリーオートサイト/区画サイト　予約 必要　料 ¥660　※大人1人テント一泊（バイク1台¥260）　チェックイン時間 13:00〜17:00（早着11:00〜、Bサイト12:00〜）　チェックアウト時間 7:00〜11:00

最寄り情報
スーパー スーパーセンタートライアル別府店……車で約15分　コンビニ ファミリーマート別府インター前店……車で約15分
温泉 別府温泉 立ち寄り湯 桜湯……車で約15分、堀田温泉……車で約15分　駅 JR「別府」駅下車にて由布院駅前バスセンターへ　バス「志高湖畔」停留所下車……徒歩で約3分、「鳥居」停留所下車……徒歩で約20分

沖縄県　沖縄のアウトドアアクティビティ体験施設。

NEOSアウトドアパーク南城

設備			
		洋式水洗トイレ	○
ペット	○	Wi-Fi	○
炊事場	○	薪の購入	○
給湯	○	売店	○
ゴミ捨て	○	シャワー	○

沖縄県のアウトドアショップNEOSが運営するキャンプ体験アクティビティ施設は、沖縄キャンプシーンの中心的存在。海も山もロケーションは抜群で、自然の素晴らしさを味わいながら、キャンプはもちろんカヤックやSUPなど様々なアウトドアアクティビティの体験もできる。

[備考]
◇ペットは要リード
◇炊事場は
洗い場のみ
◇ゴミ捨ては有料
◇売店はキャンプ用品、燃料、氷、調味料などの扱いあり。クラフトビールがオススメ。

住 沖縄県南城市知念志喜屋117-3　標高 0m　☎098-987-6311　WEB https://neos-outdoor-park.com
休 毎週水曜日（祝祭日の場合は翌平日）　営業期間 通年営業　サイト形式 フリーサイト/区画サイト（ソロサイト4）
予約 必要（電話にて）　料 ¥2,700（ソロサイト）　※大人1人テント一泊（月・火・木サイト料50%off
※祝祭日の前日は対象外、休日の前日はサイト料25%off）　チェックイン時間 14:00〜19:00　チェックアウト時間 12:00

最寄り情報
スーパー Aコープ玉城店……徒歩で約60分　コンビニ ファミリーマート南城親慶原店……徒歩で約50分
温泉 天然温泉さしきの猿人の湯……徒歩で約70分　駅 —
バス 那覇バスターミナル9番から琉球バス・東陽バスで「志喜屋」停留所下車……徒歩で約10分

軽量キャンパー御用達のショップガイド全国版。

私がオススメする
全国各地の
アウトドア店31軒。

軽量キャンパーが欲しい道具は、キャンプ専門店にあるとは限らない。山、ハイク、またはバイクパッキングなら自転車専門店にも注目したい。ここではそんな広い視野で、オススメの店舗を紹介していく。

たかにぃもお世話になるULハイカーの聖地。

ハイカーズデポは2つのフロアに分かれる。こちらはテントやハンモック、シュラフなど宿泊で必要となるもの中心。左端はパックラフト。シーンのパイオニアであるAlpacka Raftを昔から取り扱う。

2

3

4

手段か目的か。
キャンプのやり方で
選ぶ道具も変わる。

こちらのフロアは日帰りでも完結するギアが中心。バックパックは種類が豊富で中でもHYPERLITE MOUNTAIN GEARはハイカーズデポと共に歩んできたブランドだ。

東京都　三鷹

Hiker's Depot

shop data
公式HP https://hikersdepot.jp
@hikersdepot

商品構成							
キャンプ	○	山	◎	ハイク	◎	自転車	△

ULがまだ日本で浸透していない15年前、軽量に特化したハイカー専門店の先陣を切ったハイカーズデポ。ブランド選びの基準は軽量でシンプルなもの。「あとはシーンのパイオニアであることも大事」と店主の土屋さん。

そんな美学に信頼を寄せるULハイカーは多いが、昨今はキャンパーからも支持されている。初心者には敷居が高いULではあるが、「キャンプ目的なら最初は身近な道具から始めてもいい。徐々に欲しいものを手に入れていけば良いと思います。そのステップは相談に乗りますよ」。

ハイカーズデポ店主
土屋智哉
ウルトラライトやロングトレイルカルチャーをショップ内外で発信し続けている伝道師。ULキャンパーに向けたアドバイスも的確。たかにぃが敬愛する人物のひとり。

1 オリジナルで設計したHighland Designsはハイカーズデポの代名詞ともいえるシュラフ。「軽さと暖かさのバランスにこだわりました。軽くし過ぎると最終的に道具に頼れなくなるので」と土屋さん。撥水ダウンを取り入れたのも先駆けだった。 2 人気のHYPERLITE MOUNTAIN GEARだが取り扱いを始めたのはハイカーズデポが世界で一番手。今でも深い関係で結ばれている。 3 ハイカー向けの行動食も充実。 4 EXPEDやENOのハンモックコーナー。信頼性のあるブランドばかりだ。

全国　約130店舗展開

商品構成	キャンプ	山	ハイク	自転車
	○	◎	◎	◎

日本が誇るアウトドアブランドの旗艦店。

mont-bell

「function is beauty」と「Light & Fast」をコンセプトにアウトドア用品を展開し、日本のシーンを牽引してきた老舗mont-bell。ダウンウエアや寝具など数々の銘品を生み出してきたが、近年は自転車も自社開発するなどバイクパッキング勢から注目されている。

shop data
公式HP https://www.montbell.jp
@montbell_official

全国　56店舗展開

商品構成	キャンプ	山	ハイク	自転車
	○	◎	◎	×

日本のアウトドアカルチャーの草分け。

好日山荘

1924年に創業した日本のアウトドア用品店の草分け的存在。商品が充実しているだけでなく山や自然を心から愛する経験豊かなスタッフが揃っているので、フィッティングから登山のアドバイスまで安心して頼れる。旗艦店の池袋西口店はソロキャンプ用品も充実。

shop data
公式HP https://www.kojitusanso.jp
@koujitsusansou

全国　39店舗展開

商品構成	キャンプ	山	ハイク	自転車
	○	◎	◎	×

現役のアルピニストも在籍する登山好きの聖地。

石井スポーツ

「地球を、楽しもう」をスローガンに掲げる登山・スキー・アウトドア用品専門店。アルピニストも多数在籍するだけあってスタッフが持つ知識やノウハウは万全。より安全に、快適にアウトドアを楽しむための登山学校も開催し、シーンの裾野を広げている。

shop data
公式HP https://www.ici-sports.com
@official_ishiisports

全国　19店舗展開

商品構成	キャンプ	山	ハイク	自転車
	◎	○	○	△

数々の名ブランドを発掘してきたスペシャリスト。

A&F COUNTRY

1977年創業以来、日本のアウトドア業界を牽引してきたアウトドアメーカー及び代理店の直営店。GSI、MYSTERY RANCH、Helinox、Hennessy Hammockなど世界中の優れたブランドをたくさん発掘して日本に広めてきた功績は大きい。

shop data
公式HP https://aandf.co.jp/#
@aandfcountry_honten

全国　4店舗展開

商品構成	キャンプ	山	ハイク	自転車
	◎	○	○	×

海外の気鋭ブランドが揃う。軽量アイテムも充実。

UPI

北欧を中心とする海外アウトドアギアの代理店が営む店舗。焚き火道具を中心としたキャンプギアの取り扱いをメインとしながら、山、ハイク関連も充実。正規取り扱いをするWoolpower、Sawyer、WILDO、MORAKNIVをはじめ、気鋭ブランドばかりが揃う。

shop data
公式HP https://upioutdoor.com
@upi_outdoor

北海道　3店舗展開

商品構成	キャンプ	山	ハイク	自転車
	◎	◎	◎	◎

札幌と旭川に3店舗。道内随一の品揃え。

秀岳荘

北海道を拠点とする登山とキャンプ用品店は、道内でも随一の品揃えを誇る大型店舗。札幌市内に白石店と北大店、そして旭川市の旭川店と計3店舗を展開。白石店では折りたたみ自転車も精力的に展開しているので、バイクパッカーもこぞって訪れる。

shop data
公式HP http://www.shugakuso.com
@shugakuso_official

長野県　伊那

商品構成	キャンプ	山	ハイク	自転車
	○	△	○	◎

伊那谷からバイクパッキングの文化を発信。

CLAMP伊那

登山やトレイルランニング、釣りなど、様々なアクティビティを楽しめるフィールドが広がる伊那谷に拠点を置く名店。自転車でフィールドに出かける際にも持って行きやすいよう、コンパクトに収納できるものや軽量で機能的なアイテムを中心に取り扱う。

shop data
公式HP https://clamp-bike.com
@clamp_ina

栃木県　栃木

商品構成	キャンプ	山	ハイク	自転車
	○	◎	◎	×

山や外遊びが好きなすべてのハイカーに向けて。

瓦奇岳　カワラキダケ

古き良き日本家屋の佇まいが特徴的な瓦奇岳は、栃木では数少ないアウトドアのセレクトショップ。世界中からチョイスした登山用品を扱い、山や外遊びが好きなハイカーたちから厚く支持されている。キャンパーでもUL系ならぜひ立ち寄ってみたい店舗。

shop data
公式HP https://kawarakidake.com
@kawarakidake

栃木県　真岡

商品構成	キャンプ	山	ハイク	自転車
	△	○	◎	△

ガレージメーカーのアトリエに山道具店が併設。

NRUC NEST

軽量でも無駄は排除しない美学を追求するアウトドアガレージメーカー「NRUC」。そのアトリエ兼直売所「NRUC NEST」では、広い空間を活かしてコーヒースタンドと山道具セレクトショップを併設。石蔵の中にある隠れ家さながらの佇まいも面白い。

shop data
公式HP https://www.nrucnest.com
@nrucnest_mountain

栃木県　那須塩原

商品構成	キャンプ	山	ハイク	自転車
	△	◎	◎	×

那須岳の麓にあるUL山道具店。

LUNETTES

那須岳の麓にある山道具店は、無骨な雰囲気かと思いきやモダンな落ち着いた空間。センスあるブランドセレクトもあって県外から多くのファンが訪れる。国内ブランド中心の天然素材のウエアとULギアをメインとし、オリジナルブランドSheltも展開する。

shop data
公式HP https://www.lunettes-yamanodouguya.com
@lunettes_yamadougu

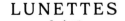

埼玉県　春日部

商品構成　キャンプ ◎　山 ○　ハイク ○　自転車 △

ソロキャンプに特化したコアな商品ラインナップ。

ルキンフォー

ソロ及びUL系のキャンプに特化したギアをベースに、高規格の海外ブランドや国内の新規ガレージブランドなど店主の個人的な好みが存分に反映されている個性派ショップ。日本の量販店では扱っていないようなコアなセレクトがソロファンから注目されている。

shop data
公式HP https://www.lookingfor.website/onlinestore
@lookingfor_insta

東京都　5店舗展開

商品構成　キャンプ ○　山 ◎　ハイク ◎　自転車 ×

神保町の老舗。キャンプ関連はエコープラザ店へ。

さかいやスポーツ

アウトドアアクティビティのためのウエアやシューズが充実するさかいやスポーツ。計5店舗展開で、すべて神田神保町圏内にありながら、ウエア、女性＆小物、シューズ、クライミングと店舗によって特徴が異なる。キャンプギア関連はエコープラザ店が充実。

shop data
公式HP https://www.sakaiya.com
@sakaiyasports

東京都　練馬

商品構成　キャンプ △　山 △　ハイク ◎　自転車 ×

ハイカー目線ながら、良質デザインのギアが揃う。

sokit

東京・練馬の閑静な商店街にある山のセレクトショップ。ギア3割、ウエア7割とウエア類が特に充実。ハイカー目線の軽量セレクトがメインだが、元アパレル出身の感性を活かした良質なデザインが多いのも特徴。関越自動車道IC近くでフィールドへのアクセスも◎。

shop data
公式HP https://www.sokit.jp
@sokit_jp

東京都　幡ヶ谷

商品構成　キャンプ ○　山 ○　ハイク ○　自転車 △

厳選されたギアをギャラリー感覚で楽しむ。

Nicetime Mountain Gallery

ギャラリー感覚で良質なアウトドアギアと出合える洗練されたセレクトショップ。軽量ギアだけにこだわらず、使って心地よい、愛着の沸くモノ選びを重視。店舗営業は金土日祝日のみで、アウトドアギアの販売のみならず、バリスタを呼んで飲食なども提供する。

shop data
公式HP https://nicetime-mountaingallery.jp
@nicetime.mountain

東京都　世田谷

商品構成　キャンプ ×　山 ×　ハイク ×　自転車 ◎

バイクパッキングを始めるならこの専門店。

BLUE LUG KAMIUMA

東京を中心に展開する自転車専門店BLUE LUGは、バイクパッキングの分野でも名が知られ、頼れるスペシャリストが揃う。中でも全店舗通じて展示車両と試乗可能なバイクが多く、フレームに関して最も幅広いラインナップを誇るのが世田谷の上馬店だ。

shop data
公式HP https://bluelug.com
@bluelug

静岡県　伊豆

商品構成　キャンプ △　山 ◎　ハイク ◎　自転車 ×

女性目線でアウトドアの楽しみ方を提案。

SANKAKU STAND

無類の山好き夫婦が運営する伊豆のアウトドアショップ。元アウトドアメーカーならではのノウハウや専門知識を背景に、UL、バックパックキャンプに最適な道具も充実。女将のまるさんは女性目線ならではのアウトドアの楽しみ方や快適性を積極的に発信する。

shop data
公式HP https://sankaku-stand.com
@sankaku_stand

三重県　伊勢

商品構成　キャンプ ○　山 ◎　ハイク ◎　自転車 ×

伊勢神宮のそば。地域に密着したアウトドア専門店。

BUD PALMS

伊勢駅と伊勢神宮外宮を結ぶ外宮参道の中央に構えるアウトドア用品の専門店は、一般登山からUL、トレイルランニングなどのギアやカジュアルウエアを扱う。地域のハイキングイベント情報や近隣の山のマップなどアウトドアの情報発信にも積極的だ。

shop data
公式HP https://www.budpalms.jp
@budpalms_ise

岐阜県　美濃

商品構成　キャンプ ○　山 ◎　ハイク ◎　自転車 △

「BEST BUY GEAR®」の公式ショップ。

THE MOUNTAIN EDITIONS

ユーザー目線のアウトドアギアレビューサイト「BEST BUY GEAR®」の公式店だけあって本当に使い勝手の良いものを厳選。メジャーからガレージブランドまで、ジャンルもアルパインやハイク、ラン、キャンプなど様々なアクティビティをボーダーレスに展開。

shop data
公式HP https://tme.theshop.jp
@the_mountain_editions

福井県　越前

商品構成　キャンプ ◎　山 ◎　ハイク ×　自転車 ×

倉庫をリノベした空間で心地良くギア探しを。

TECH COUNTRY

福井の伝統工芸と人気ブランドを繋いで共同開発した商品など、独自の展開が魅力のTECH COUNTRY。倉庫をリノベーションした抜けの良い空間はスタイリッシュで心地良い雰囲気。1階はキャンプグッズ、2階はULからクラシカルブランドまで幅広く扱う。

shop data
公式HP https://www.techcountry.jp
@tech_country

大阪府　東大阪

商品構成　キャンプ ◎　山 ◎　ハイク ◎　自転車 ×

野外活動を楽しむための必須ギアがたくさん！

ROCK STEPPERS

生駒山の麓、東大阪の石切町に位置するアウトドアショップ。山岳系のアクティビティからキャンプやブッシュクラフトなど、アウトドアフィールドを楽しむためのギア全般をカバーし、他にはない珍しいアイテムがたくさん見つかる。ULアイテムも充実する。

shop data
公式HP https://rocksteppers.com
@rock.steppers

兵庫県　加古川

商品構成	キャンプ	山	ハイク	自転車
	△	◎	◎	◎

クライミングジムも展開する加古川の名店。

Heimat berg

神戸市加古川に構えるアウトドアショップは、キャンプ、登山、トレラン、クライミングなど幅広いアウトドア用品を展開するほか、ボルダリング体験ができるジムも展開するなどアウトドア全般の裾野拡大に努めている。バイクパッキングにも精力的。

shop data
公式HP https://heimat-berg-kakogawa.work
@heimatberg_outdoorshop

兵庫県　神戸

商品構成	キャンプ	山	ハイク	自転車
	◎	◎	◎	◎

Heimat bergの2店舗目はキャンプ専門店も併設。

Heimat berg james mountain

Heimat bergの2店舗目となる神戸店は、1階はキャンプ専門店の「Garage Camp Store」、2階が「Heimat berg james mountain」。加古川店同様、キャンプ、登山、トレラン、クライミング、自転車などを扱うが、james mountainではパックラフトも精力的に展開。

shop data
公式HP https://heimat-berg-kakogawa.work
@heimatberg_james_mountain

兵庫県　芦屋

商品構成	キャンプ	山	ハイク	自転車
	×	◎	◎	×

六甲山のお膝元にある山道具専門店。

Sky High Mountain Works

芦屋駅からほど近い小さなヴィンテージマンションの2階にあるマウンテンギア専門店。六甲山を庭とする山遊びのスペシャリストである代表の北野さんが厳選するアイテムは、実際に使用し納得できた良質なものばかり。別注をかけたオリジナルウエアもあり。

shop data
公式HP http://skyhighmw.blog112.fc2.com
@skyhigh_life

奈良県　橿原

商品構成	キャンプ	山	ハイク	自転車
	△	◎	◎	×

トレラン分野では日本トップクラスの専門店。

Yosemite

薪ストーブの煙突が目印の山小屋さながらの店舗は、軽量かつ本格的な登山用品が充実。特にトレイルランニングアイテム、ベアフットシューズが豊富。2020年度からイベント「トレイルトーク」を月一でスタート。アウトドア交流でシーンを盛り上げる。

shop data
公式HP https://yosemite-store.com
@yosemite_store

和歌山県　伊都郡

商品構成	キャンプ	山	ハイク	自転車
	◎	×	×	×

ここでしか買えないキャンプギアを数多く展開！

Orange

和歌山を代表するアウトドアギア＆ウエアの専門店は、豊富な物量とツボを得たアイテムセレクトで全国区で名が知られる。ここでしか買えない別注アイテムも数多く展開しているため県外からの来客が多い。ソロキャンパー向けのアイテムも充実。

shop data
公式HP https://shop-orange.jp
@orange_outdoor_shop

広島県　広島

商品構成	キャンプ	山	ハイク	自転車
	△	×	×	◎

山陰地方を自転車で旅するならぜひ立ち寄りたい。

Grumpy

山陰地方でバイクパッキングをするなら必ず立ち寄ってほしい自転車専門店。速さより、楽しさを追求するコンセプトで、ロードバイク、シクロクロスからマウンテンバイクまで幅広く対応。製品販売のみならず、個々に合わせたバイクカスタムなども精力的に行う。

shop data
公式HP https://ride.grumpy.jp
@grumpy_bike

福岡県　宗像

商品構成	キャンプ	山	ハイク	自転車
	△	◎	◎	×

ハンモックの扱いは質量共に圧倒的。

宗像山道具店 by GRiPS

2011年にオープンした九州随一の専門店。元々車店だった店舗は天井が高く居心地の良い空間で、店主自ら使って納得できたものだけを扱う。中でも店主が大好きなハンモックのセレクトは質量ともに圧倒的で、広い空間を活かしてディスプレイもされている。

shop data
公式HP https://grips-outdoor.jp
@grips_outdoor

福岡県　糸島

商品構成	キャンプ	山	ハイク	自転車
	○	△	○	×

台湾のHANCHORをはじめ日本で流通が少ないギア多数。

mujina shouten

革製品を扱う「DURAM FACTORY SHOP糸島店」店内に併設されたスペースには、ジャンル問わずマニアックなギアから雑貨までアウトドアが好きの感性を刺激する品揃え。台湾の軽量系バックパックHANCHORをはじめ、日本では扱いが少ないアイテムも多い。

shop data
公式HP https://mujinashouten.stores.jp
@mujinashouten

福岡県　北九州

商品構成	キャンプ	山	ハイク	自転車
	△	○	○	×

「移動そのもの」が旅。日常にもUL道具を。

旅道具と人 HouHou

ULハイクで培った知恵やノウハウを活かし、山も街も含めて「移動そのもの」を旅と捉えた独自のコンセプトをもって道具をセレクト。商品を販売するだけでなく交流や情報交換のハブとなり、日常を快適に生きるための知恵を共有する場所を目指している。

shop data
公式HP https://houhoutravel.com
@houhou_travel

長崎県　大村

商品構成	キャンプ	山	ハイク	自転車
	◎	◎	◎	△

山麓にひっそりと佇む山小屋にはお宝たくさん。

MOUNTAIN JAM

機能とファッションの両立を目指す長崎の山麓にあるアウトドアセレクトショップ。幅広い視点でキャンプギアを扱うなかでハイクや山道具も展開。オリジナル設計のJAMMETALシリーズやメーカーとのコラボモデルJAM Editionシリーズも人気を博す。

shop data
公式HP https://mountain-jam.shop
@mountain.jam819

INDEX

SHOP&MAKER LIST

ア	アブレイズ	https://www.ablaze-corp.com
	アライテント	https://arai-tent.co.jp
	アルコインターナショナル(ハイドロフラスク)	https://www.hydroflask.co.jp
	アンバイ ジェネラルグッズ ストア	https://www.unby.jp
	イスカ	https://www.isuka.co.jp/contact
	イワタニ・プリムス	https://www.iwatani-primus.co.jp
	エイアンドエフ	https://aandf.co.jp
	エバニュー	https://www.evernew.co.jp
カ	カリマー	https://www.karrimor.jp
	カワセ(バンドック)	https://kawase-net.jp/brand/bundok
	KiU	https://kiu-online.jp/pages/contact
	キャノンデール	https://www.cannondale.com/ja-jp
	キャリー・ザ・サン	https://carrythesun.jp
	極SONS COCOpan	https://cocopan.co.jp/category/onlineshopcocopan-basic
	グレゴリー	https://www.gregory.jp
	ケンコー社	https://kenkosya.com
	ゴールゼロ	https://www.ask-corp.jp/products/goal-zero
サ	サイバトロン	https://seibertron.jp
	ジャイアント	https://www.giant.co.jp
	笑's	http://www.sho-s.jp
	ジンダイジマウンテンワークス	https://jmwwebshop.official.ec
	スター商事	https://www.star-corp.co.jp
	スノーピーク	https://www.snowpeak.co.jp
	スームルーム	https://www.soomloom.shop
	3F UL GEAR	https://3fulgear.com
	ゼログラム	https://www.zerogram.co.jp
	ソキット	https://www.sokit.jp
	SOTO	https://soto.shinfuji.co.jp
タ	ダホン	https://www.dahon.jp
	ディントコヨーテ	https://dyntcoyote.com
	テンマクデザイン	https://www.tent-mark.com